여성

공학인의

성공적인 삶을 위한

101

도움말

효형출판

여성
공학인의
성공적인 삶을 위한
101
도움말

한국여성공학기술인협회
최영미 지음

여성 공학인은
이런 질문을 던진다

여성으로서 차별 대우와 부당한 편견을 참고 살아온 지난 여정을 문득 돌이켜보면 많은 생각이 스친다. 상실감에 젖기도 하고, 알 수 없는 슬픔에 빠질 때도 있다. 무언가를 얻었다고 생각하는 순간 어디론가 빠져나가는 기쁨의 알갱이들을 처연히 바라보며, 운명 같은 이별의 순간을 받아들이기도 한다. 이런 것이 여자라는 존재의 본질적인 모습일까?

여성 공학인의 경우, 떠밀리듯 공학을 택했지만 좋은 기회를 통해 자신의 역량을 충분히 발휘하기도 하고, 혹은 자신의 능력을 일찍 파악하여 누구보다도 먼저 세상을 거머쥔 것 같았는데 뜻하지 않은 이유로 먼 길로 돌아가기도 한다. 때로는 어처구니없는 실수도 하고, 아이디어 하나로 직장을 일구기도 하며, 알토란 같은 성과물을 경쟁자에게 빼앗기기도 한다.

여성 공학인으로 살아간다는 것은 과연 무슨 의미일까? 여성 혹은 여자라는 단어가 붙은 말 속에는 여러 가지 뜻이 담겨있다. 그 중에는 보편성에서 벗어난, 특수하고 흔치않은 부류라는 뜻도 포함

되어 있다. 튄다는 것이 요즘 세상에는 장점이 되기도 하지만 속내를 들여다보면 좋게만 생각할 수 없는 구석이 있다. 공평하지 않은 잣대가 도사리고 있기 때문이다. 어쨌든 여성 공학인은 별난 사람이라는 말을 즐기기도 하고, 그에 따른 부담감으로 속병을 앓기도 한다.

한국여성공학기술인협회는 2000년에 들어서면서 여성 공학자들의 이야기를 수집하고 정리하여 『세상을 바꾸는 여성 엔지니어』라는 제목으로 8권의 책을 출간해왔다. 현재 과학기술 분야에서 활동하고 있는 150여 명의 여성 공학기술자들이 지금의 위치에 오기까지 겪어야 했던 일들을 진솔하게 풀어내고 있다. 이분들의 경험담을 재미있게 읽어 내려가다가 행간을 들여다보면 자신의 삶을 성공적으로 꾸려가기 위해 스스로에게 끊임없이 질문을 던지며 그 질문에 답하고자 남다른 노력을 했음을 느낄 수 있다. 그 질문들을 정리하여 요약하면 다음과 같이 추려낼 수 있다.

□ 내가 해온 일이 나에게 맞는 역할이었나?

□ 그 일을 통해 주위에 긍정적인 영향을 주었는가?

□ 나의 경력은 나에게 적합한 자산과 사회적 위치를 부여했는가?

□ 내가 다른 일을 했더라면 더 잘할 수 있었을까?

□ 내가 택한 직업에 최선을 다했으며 내 삶에 대해 보람을 느꼈는가?

□ 나는 지금 행복한가?

□ 여성으로서 후배들은 나보다 더 나아질 수 있을까?

□ 앞으로 어떻게 살아가야 할 것인가?

이러한 질문을 던지고 답하는 과정에서 인생에 대한 자신감을 얻고, 역량 있는 여성 리더로서 성장한다. 여자라는 정체성은 이러한 질문에 답하는 데 걸림돌이 되기도 하고 동기부여가 되기도 하며, 후배들에게 자신의 역할과 경험을 공유하고자 하는 열정에 사로잡히게 하는 요인이 되기도 한다. 우리는 여성 공학기술인이다. 그래서 더욱 특별한 존재가 될 수 있다고 믿는다.

우리 자신에게 던진 질문을 정리하면 결국 '나는 여성 공학인으로서 행복한가?'라는 질문으로 요약할 수 있지 않을까? 우리는 그 해답을 찾아가고 있으며, 이 책에는 그러한 해답의 일부가 숨어 있으리라 생각한다. 우리는 변하지 않을 수 없다. 세상이 변하기 때문이다. 변화는 현대 사회에서 여성으로 살아가기 위한 인식의 변화에서 비롯된다. 그러한 인식의 변화 과정에 이 책이 촉매제가 되어 자신의 위치를 되돌아보고 공학인으로서 나아갈 방향을 결정하는 데 도움이 되었으면 한다.

이 책을 편찬하는 과정에서 수많은 글이 부분적으로 인용되었으나, 일일이 참고 문헌에 기록하지 않은 것에 대해 양해를 구한다. 특히 전자신문과 삼성경제연구소의 각종 매체들, 무엇보다도 『세상을 바꾸는 여성 엔지니어』(1권~7권)의 저자들에게 깊은 감사를 드린다. 그분들의 옥고가 이 글의 바탕이 되었음은 말할 나위도 없다.

2013. 8
한국여성공학기술인협회 회장 최영미

| 목차 |

비
전

변화를 두려워하지 말라. 옛 가지는 포기하라.
새로 돋아나는 새순에 눈길을 돌려라.
공학자는 항상 진보적이어야 한다.

여성 공학인이
꾸는
꿈이란?

꿈은 삶을 희망으로 채워주는 소중한 자산이다. 아울러 꿈이란 모든 사람이 공평하게 누릴 수 있는 권리이기에, 신이 부여한 최고의 가치라고 생각한다. 우리는 꿈을 이루려는 굳은 신념으로 어려움을 극복한다. 따라서 꿈은 진한 감동을 만들어내는 순수한 열정이기도 하다. 이는 세속적인 성공을 위해 수단과 방법을 가리지 않는 욕망과는 분명한 차이가 있다.

꿈은 그 꿈을 꾸는 사람이 희망을 품고 긍정적인 사고로 현실과 맞설 때 결실을 맺을 수 있으며, 그 결실을 이웃과 나눌 때 비로소 완성된다. 꿈을 실현하는 것은 궁극적으로 화합과 나눔의 소산이어야 한다. 그러나 꿈을 이루고 그 결실을 이웃과 나누는 사람은 결코 흔치않다.

우리 여성 공학인은 대부분 공학을 전공하여 그 안에서 꿈을 찾고 있다. 그렇다면 어떻게 꿈을 이룰 수 있을까? 어렵고 복잡한 문제일 수 있다. 그러나 진솔한 삶만큼 타인을 감동시키는 것이 없다는 사실을 기억한다면 조금은 쉽게 해답에 접근할 수 있다.

기술은 삶을 지배한다. 따라서 공학은 인간을 이해하고 존중하고 배려해야 한다. 인간의 평범한 일상을 멋지면서도 편안하게 만들어주는 기술을 제공해야 한다. 이것이 공학의 본질이라고 전제한다면, 우리는 자신에게 적합한 분야를 공략함으로써 자신의 입지를 다지고, 더 생산적이고 감동적인 기술 요소를 연구하고 개발해야 한다. 그리고 창의적으로 조합하고 융합하여, 많은 사람이 그 기술을 사용하면서 자신의 삶이 확장되고 발전하는 감동을 맛보게 해야 한다. 공학인의 꿈은 사용자의 입장에서 편리한 세상을 만들고자 하는 진솔한 욕심이다.

나만의
진짜 꿈을
꾸자

요즘 청소년은 꿈이 없다고들 한다. 이 말에는 '진짜 꿈'이 없다는 뜻이 숨어 있다. 입시 공부에 찌들어 자신의 능력과 재능에 걸맞은 꿈을 꿀 수 없게 된 청소년들은 그런 의미에서 불행하다고 할 수 있다. 자신이 진정으로 원하지 않는 것에 대해서는 최선을 다할 수 없기 때문이다.

한편으로 생각해보면 우리나라 청소년이 그렇게 불행한 것만은 아니다. 청소년기에 자신의 진짜 꿈을 발견하는 사람이 몇이나 있겠는가? 대학 입시라는 것이 자신의 꿈을 이루는 데 그렇게 문제가 되는 관문일까? 우리 여성 공학인 역시 어릴 때부터 현재의 위치를 꿈꾼 것은 아니었다. 해야 할 일에 최선을 다하면 기회가 왔다. 그 기회는 나의 새로운 꿈을 잉태하고 내 전공과도 연결되었으며, 내 삶의 중요한 부분으로 자리 잡게 되었다. 그러니 문제는 자신만의 꿈을 꾸고 실현할 수 있는 적절한 상황을 만날 수 있느냐 여부에 달려 있을 것이다.

나만의 꿈을 꾸어라. 그러면 꿈을 구체화할 수 있는 상황을 만날 수 있다. 그 꿈을 포기하지 않으면, 자신의 영혼에 변화를 이끌어낼 수 있다. 그리고 효율적으로 자신의 역량을 관리하며 진짜 꿈으로 키워가야 한다. 능력의 한계를 넘어 무리하게 나아가려 할 때는 꿈이 작위적이 되고, 순수한 목표는 시들해지거나 탈색하고, 원래의 동기가 왜곡될 수 있다. 결국 일의 능률은 떨어지고 지혜롭지 못한 결정을 하게 된다. 자신이 이루고자 하는 목표에 도달하지 못할 것 같은 두려움에, 법을 위반하거나 비도덕적인 일에 발을 담글 수도 있다.

우리는 진실한 꿈을 꾸어야 한다. 자신의 노력으로 최선을 다하여 자신만의 목표를 세우고 추구해나가야 한다. 유능한 사람이 잘못된 꿈을 쫓다가 사회에서 불명예스럽게 퇴출당하는 경우를 종종 보아왔다. 이러한 뜻하지 않은 함정에 빠지지 않으려면, 자기 능력의 범위 안에서 얻을 수 있는 열매를 추구해야 하며, 더 큰 열매를 따려면 자신의 능력을 확대하려는 노력을 꾸준히 해나가야 한다. 잘못 설정한 꿈을 억지로 이루려고 하면, 그 과정에서 불신을 불러오고 결국에는 스스로 비판을 두려워하게 된다. 당당하게 나만의 '진짜 꿈'을 꾸자.

활발한 해외 활동으로 글로벌 인재의 자격을 갖추자

우리는 글로벌 시대에 살고 있다. 세계는 이미 지구촌으로 불릴 만큼 하나의 공동체가 되었다. 환경적, 지리적 문제 외에도 경제, 사회, 문화적 현상을 살펴보면 나 홀로 존재할 수 없는 이유를 쉽게 알 수 있다. 지역적으로 일어나고 있는 사건과 변화가 세계적으로 상호 영향을 주고 있다. 국내의 모든 조직과 생활공간에서 세계화가 이루어지고 있는 것이다.

세계화 시대에 살고 있는 우리는 자신의 경력을 확장하기 위하여 무엇을 어떻게 준비해야 할까? 우리의 삶은 세계화 과정을 통하여 풍부해지고 다양해진다. 해외로 떠나는 여행, 유학, 출장, 학술 및 기술 교류 등을 통하여 우리의 경력과 삶은 확장된다.

국내에서 자신의 경력이 한계에 부딪치면 연수나 유학을 택할 수 있다. 일상을 탈출하기 위하여 여행을 떠나기도 하고, 업무상 출장이나 학회 등에 참석해야 하는 경우도 발생한다. 이러한 해외 활동 기회는 자신의 경험을 풍부하게 하고 경력에 전환점을 마련하는 절호의 기회를 제공한다. 사전에 세밀하고 철저하게 준비하여 해외 활동을 한다면 많은 성과를 얻어낼 수 있다. 준비된 해외 활동으로 새로운 지식과 경험을 공유할 수 있으며 이는 인적 네트워크 형성으로 이어져 자신의 경력을 한 차원 높일 수 있다.

어학 실력만큼 해외 활동에 결정적인 도움을 주는 도구는 없다. 인간의 삶이란 의사소통을 통하여 이루어지기 때문에 타국에서 생기는 어려움을 해결하고 새로운 인간관계를 형성하는 데 어학은 필수 요건이다. 어학 실력 수준에 따라 해외에서의 삶과 활동의 질이 결정된다.

가장 중요한 것은 마음의 준비이다. 해외 활동에 대한 뚜렷한 목표, 도전과 역경을 통하여 자신의 정체성을 유지하고 풍부한 경력을 쌓겠다는 확고한 비전을 가져야 한다. 문화적 다양성을 인정하고 국제적 경험과 전문성을 기꺼이 공유하는 글로벌 엘리트의 자격을 갖추기 위한 꿈을 키우자.

여성 전문인으로서
다중 역할의
그릇을 키우자

전문가는 지식의 흐름을 타고 가는 사람을 말한다. 그래서 늘 시간에 쫓긴다. 일이 많아 밤을 새우는 때도 많다. 여성 공학인은 직장인으로서, 아내이자 엄마로서, 며느리로서 동시다발적인 일을 해내야 한다. 견디기 힘든 상황도 많이 겪어내야 한다. 개인적인 일로 분주하고, 생리적으로 힘든 일이 닥쳐도 일손을 놓을 수 없다. 지식은 기하급수적으로 늘어나고 정보는 시시각각으로 넘쳐난다. 내 전공 분야의 지식도 따라잡기 쉽지 않다. 다중 역할을 맡고 있는 여성으로서 이러한 격류를 타고 가려면 각오를 단단히 할 수밖에 없다.

직장 내에서 주어진 일을 책임 있게 완수하는 것으로만 만족할 수 없다. 한 남자의 아내로서, 자식의 엄마로서 그 역할을 다하지 않는다면 무슨 일을 하든 행복하지 않을 것이다. 친정이나 시댁의 대소

사에도 얼굴을 내밀어야 한다. 동창회 모임이나 학회나 직장 내외 행사에도 빠질 수 없는 경우가 많다.

이런 모든 일을 어떻게 다 잘할 수 있겠는가? 이를 감당할 수 있는 자신의 그릇을 키울 수밖에 없다. 많은 것을 담아야 할 때, 그 공간이 넉넉하게 준비되어 있다면 걱정을 덜 수 있다. 다만 크기가 불어나면 빈 곳이 생기기 마련이니, 이 구멍을 메워주는 것이 있어야 한다. 역설적으로 들릴 수 있으나 그 구멍을 메우려면 포기가 필요하다. 자신의 정체성에 맞지 않는 일이나 자신에게 의미를 주지 않는 모임은 포기해야 한다. 자신의 경력을 높여주지 않는 것이라면 과감하게 내주어야 한다. 변덕스러운 유행을 따라가는 습관을 버려야 한다. 자신을 부당하게 평가하려는 틀에서 벗어나야 한다. 자신이 생명처럼 품고 있는 전공의 일부를 내놓고 다른 영역과 융합하기를 주저하면 안 된다.

변화를 두려워하지 말라. 변화란 부분적으로는 포기이기 때문에 머뭇거리게 된다. 그러나 때로는 과감하게 포기해야 한다. 머지않아 주류가 될 새 가지가 생겨나고 새순이 돋아날 것이기 때문이다. 옛 가지는 포기하라. 새로 돋아나는 새순에 눈길을 돌려라. 공학자는 항상 진보적이어야 한다.

변화를
두려워하지
말라

변화는 어려운 일이다. 익숙함을 버리는 일은 쉽지 않다. 이보다 더 어려운 것은 자신의 몸에 배어 있는 못된 습관을 털어내는 일이다. 하물며 한 사회에 만연한 악습에 변화를 시도하려면 상당한 용기가 필요하다. 변화는 어려울 뿐 아니라 두렵기도 하다. 우리의 선배 중에는 이러한 변화의 두려움을 극복한 분들이 있다. 수많은 사회적 압박과 편견을 극복하고 변화를 이룬 것이다.

우리도 변화를 일으킬 수 있다. 우리가 현재 하고 있는 일 가운데에서도 변화를 시도할 수 있다. 아니 변화를 시도해야 한다. 이 세상은 변화를 일으키고자 하는 사람들의 노력에 그 운명이 달려 있기 때문이다. 제주도의 올레길을 기획하여 전 세계인이 찾아오는 관광 명소로 만들어낸 서명숙 제주올레 이사장, 주부들의 청소 문화에 혁신을 가져온 한경희생활과학의 한경희 대표 등 일상에서 얻은 사

소한 아이디어를 구체화하여 사회문화적 변화로 증폭한 이야기들을
우리는 이미 알고 있다.

　가치 있는 일에 자신의 에너지를 쏟아부을 때 우리는 지치지 않
는다. 우리 선배들은 자신이 하는 일이 가치 있는 일이라는 확신이
서면, 온 마음과 정성을 다하여 주변을 설득하며 변화를 이루어 열매
를 거두었다.

　변화하고자 했던 여성 리더들은 현실의 불공평함과 편견에 맞
서 저항하였다. 그분들은 자신이 여성으로서 얼마나 많은 노력을 해
야 세상이 인정하는 역량이나 자질을 획득할 수 있는지 인식하고 있
었으며, 그 부족함을 메우기 위해 남다른 노력을 했다. 많은 경우 남
성보다 출발이 뒤처질 수밖에 없었으나, 자신만의 특유한 전략으로
극복했다. 시행착오를 겪으며 역경을 기회로 삼고자 했으며 무엇보
다도 자신과의 싸움에서 승리함으로써 변화를 이룩해냈다.

　세상은 지금 변화를 기대하고 있다. 변화 속에 미래가 있기 때
문이다. 현재에 안주하는 것이야말로 여성이 가장 경계해야 할 태도
이다. 변화를 두려워하지 말라. 여러분이 지금 생각하고 있는 일이
변화를 일으키는 일이라면 반드시 해야 한다.

호기심은
공학인이 지녀야 할
미덕이다

　　기술은 매우 빠르게 변한다. 시간이 지나면 새로운 연구 주제와 방법론이 옛것을 밀어낸다. 자신의 전공 분야에 대한 호기심을 유지하지 못하고 공부를 게을리하면 활동 범위는 축소되고, 지금까지의 전문 지식은 마침내 철 지난 패션처럼 땡처리되기 십상이다. 전공에 대한 적극적이고 지속적인 백업과 업데이트 작업은 아주 중요하다. 자신만의 전문 지식에 대한 열정과 변화 추세를 간파하는 직관적 판단은 빼놓을 수 없는 공학인의 미덕에 속한다.

　　살아오면서 자신뿐만 아니라 상대의 이기심에 휘둘려 어려움을 겪었던 경험이 한두 번은 있을 것이다. 어떻게 사람들의 생각과 행동 양식이 이렇게 다를 수 있는 건지 한숨 섞인 푸념을 하며 절망에 빠졌던 적도 있을 것이다. 왜 이런 상황에 빠지게 될까? 여러 가지 이유가 있겠지만 가치관이 서로 달랐거나 그 성숙도에 차이가 있었을 것이다. 이럴 때 가치 판단 기준의 덕목을 미덕이라고 부르기로 하자.

우리 여성 공학인에게 어떤 미덕이 필요할까? 우리가 지녀야 할 미덕은 인간성, 성실함, 정직함, 근면함, 신뢰성, 용기, 정확성, 직관, 전문 지식, 열정 등이다. 이러한 미덕은 동서고금을 막론하고 통용하는 가치이며 포기할 수 없는 권리이자 의무이기도 하다.

호기심은 이러한 미덕을 키우는 최고의 동인이다. 이러한 동인으로 긍정적인 결과를 얻어내려면 '남이 너에게 하지 않았으면 하는 행동을 다른 사람에게 하지 말라'라고 주장하는 칸트의 말을 적용해 보자. 관심 분야와 능력이 서로 다른 사람들의 공동 목표를 인지하여 배려하는 마음을 가지고 자신의 호기심을 유지하는 것이 중요하다.

변화에 대한 열망은
사랑에서
비롯된다

몇 년 전 대한민국의 앳된 딸들이 FIFA 월드컵 17세 이하 여자 축구 대회에서 우승했다. 국내 여자 고등부 등록선수가 345명뿐이라는 점을 감안하면 기적에 가깝다. 박세리의 신화적 기록에서 시작하여 LPGA미국여자프로골프에서의 여성 골퍼들의 활약도 현재 진행형이다. 피겨스케이팅의 김연아, 리듬체조의 손연재를 비롯하여, 원더걸스로 시작된 여자 아이돌 그룹이 전 세계에 한류의 회오리바람을 일으키고 있다. 대한민국 최초의 여성 대통령도 탄생했다. 한국 여성의 저력과 성공에 대한 열정은 어디까지일까?

여성 리더들의 면면을 분석해보면 그 안에 변화에 대한 열망이 숨어 있는 것을 발견할 수 있다. 그러한 열망은 경쟁자를 물리치려는 단순한 승부욕의 열정이 아니다. 여성만이 가질 수 있는 특유한 사랑의 열정이 그 동력의 근원이다. 사랑이란 변화를 일으키고자 하는 마음에서 출발한다. 지식에 대한 사랑은 자신이 처한 비교육적인 환경을 변화시키고자 한다. 일에 대한 사랑은 자신을 전문가로 탈바꿈시킨다. 인간에 대한 사랑은 정치, 문화, 경제 및 환경에 대한 관심으로 승화된다. 여성은 사랑의 화신이 아니던가? 우리 여성은 사랑하지 않고는 한순간도 존재할 수 없다.

세상에는 변화가 필요한 부분이 많다. 예를 들어 탐욕, 무자비, 증오, 이기심에 의해 이 지구는 오염되고 있으며 무차별적으로 파괴되고 있다. 치유받아야 하고 도움을 원하고 있다. 지구에는 관용과 배려가 필요하다. 모성적 사랑으로 이 세상 많은 문제가 적절하게 해결될 수 있다.

전자, 조선, 건설, 기계, 컴퓨터, 신소재, 화학공학, 생명공학, 에너지 등 모든 공학 분야에서 여성 엔지니어들이 기지개를 켜고 있다. 공학은 사회를 변화시키는 기술이므로 젊은 여성들이 미래를 걸어갈 수 있는 학문 분야이다. 무엇보다도 변화에 대한 열정은 성취욕을 불러일으킨다. 가치 있는 일에 시간과 에너지를 들일 때 삶은 깊은 만족감과 성취감으로 충만해지므로 이런 분야에 여성 공학인의 미래를 걸어도 후회는 없을 것이다.

세상을 변화시킬 수 있는 사람은 바로 여성 엔지니어이며, 그들이 가진 모성의 열정을 세상은 간절히 바라고 있다.

차별의
경계선을
넘어서자

수학에서 경계선을 그어 기준을 정하고 특정 영역을 결정하는 문제로 상당한 어려움을 겪었던 기억이 있을 것이다. 경계선은 한 점이 이편에 속하는지 저편에 속하는지를 결정해 준다. 대수학이건 기하학이건 경계선을 정하는 문제와 한 영역이 정의되는 과정은 그리 간단치 않다. 유한과 무한, 이산과 연속에 대한 쉽지 않은 개념이 개입되기 때문일 것이다.

독도 영유권에 대한 문제는 한·일 간의 영원한 숙제이다. 중국과 일본 간의 센카쿠 열도(중국명 댜오위다오) 분쟁도 마찬가지다. 국내에서도 영호남의 갈등은 정부 정책 결정에도 영향을 미치는 민감한 사안이다. 일본 안에서도 오키나와 주민은 독립을 요구하는 시위를 끈질기게 벌인다. 구소련의 붕괴는 경계선에 대한 이민족 간의 집착에서 비롯되었다.

　　우리는 살아가면서 경계선에서 머뭇거릴 때가 많다. 한 영역으로 편입해야 하는 중요한 순간일 수도 있기 때문에 결정이 쉽지 않다. 여성으로서 그리고 공학인으로서 우리 앞에는 무수히 많은 경계선이 놓여 있다. 어떤 때는 쉽게, 어떤 때는 힘겹게 그 선을 넘어서기도 하고 뒤로 물러서기도 한다. 상황에 따라 경계선 자체가 변경되기도 하고 사라지기도 하며, 생각지도 않았던 장소에 새로운 경계선이 드러나기도 한다.

　　성차별은 여성이 가장 흔히 마주치게 되는 불쾌한 경계선이다. 이 선은 쉽게 넘을 수 없다. 오랜 세월에 걸쳐 뿌리 깊게 형성되어왔으며, 우리 사회의 반을 점령하고 있는 남성에 의해 명시적으로 혹은 암묵적으로 강하게 지지되고 있기 때문이다. 이 경계선에서 갈등이 일어난다. 여성 차별적 정책이나 법, 사회적 관행들이 점차 소멸하는 추세에 있지만, 정작 넘어서기 힘든 경계선은 우리 내부에 존재하는 경계선일 것이다. 여자라서 못한다거나, 여자이기 때문에 호의를 받아들일 권리가 있다는 등 남성 위주의 호혜적 관행을 내재화한 여성의 태도도 여기에 포함된다. 능력에 따라 공정하게 평가받기를 원한다면, 이런 경계선 주위에서 머뭇거려서는 안 된다. 단호하게 우리가 속할 영역을 결정해야 한다.

남성 우월적 문화를 극복하자

　　살다보면 여자의 기를 꺾는 일을 종종 겪는다. 태어나는 순간부터 무덤으로 가는 순간까지 여자라는 이유로 불공정한 대접을 받는 일이 줄줄이 계속된다. 과거에는 여자라서 족보에 오르지 못했고 제사에서도 소외되었다. 밥상도 따로 받았으며 얼굴을 가리고 외출해야 했고 문자를 익힐 수도 없었다. 칠거지악이라는 지금으로서는 믿을 수 없는 악습을 감당했던 여성의 비극적인 역사적 상황이 아직도 진행형임을 곳곳에서 확인할 수 있다.

　　정계보다 기업에서 남성 지배적 문화가 더욱 심각하다. 전 세계 주요 기업 경영자의 95퍼센트가 남성이다. 여자 아이가 활동적이면 '나댄다'라며 나무라지만, 남자 아이가 그런다면 누구도 뭐라고 하지 않는다. 남성이 일을 하면서 가정을 꾸리는 것을 당연하게 여기면서, 여성에게는 둘 중 하나를 선택하라고 한다. 한국에서 여성은 남성에 비해 가사와 육아 노동을 4배나 많이 한다고 한다. 직장뿐 아니라 가정 내에서도 평등을 추구해야 한다. 이러한 불평등한 문화부터 바꾸어야 한다.

여성을 상대로 하는 성범죄는 수없이 반복되고 있다. 아무리 처벌 수단을 강화해도 음성적으로 이루어지고 있는 성매매와 성폭력은 형태만 달리할 뿐, 그 강도와 규모는 수그러들 기미가 보이지 않는다. 더 개탄스러운 것은 이것이 세계적인 현상이라는 점이다. 힘들게 공부하여 학위를 받아도 취업을 위하여 성형 수술이 필요하다는 반응이 태반이다. 도대체 일을 하는데 외모가 무슨 상관이란 말인가. 직장에서 여성이 결혼하면 주위 시선이 싸늘해지고, 출산 시에는 경력 단절도 감수해야 한다. 아무리 법으로 여성을 보호한다고 해도, 현실은 그렇게 공정하고 호의적이지 않다는 걸 여성이라면 누구나 실감할 수 있다.

여성은 참으로 다양한 이유로 희한한 존재로서 유보 또는 퇴출되거나, 비난 그리고 소외의 일차적 대상으로 고려된다. 이제는 고쳐야 한다. 능력은 성별로 결정되는 것이 아니다. 신뢰성 있는 기준으로 정확하게 대보고 판단하는 사회가 아니라면 미래가 없다. 요즈음 여러 측면에서 공정하고 민주적으로 개혁하는 분위기가 일고 있다. 구석구석 남아있는 남성 우월적 문화를 이제는 우리 손으로 하나하나 걷어나가자.

승부를 걸 줄 알아야 기술의 분기적 진화를 이룰 수 있다

세계적인 마케팅 전문가 알 리스^{Al Ries}는 개선과 분화를 혼동하면 새 브랜드를 창조할 좋은 기회를 놓친다고 주장한다. 새 브랜드를 출시하기 위하여 진화의 제1법칙, '개선'만을 사용하면 망한다는 말이다. 진화의 역사를 되돌아보라. 개선은 진화의 원동력이다. 과거보다 현재에 더 잘 적응하기 위하여 생물의 종은 진화한다. 그러나 이러한 진화가 전부는 아니다. 공통의 조상에서 수만 가지 종으로 나뉘어간 진화의 역사는 바로 '분화'라는 진화의 제2법칙이 얼마나 중요한지 단적으로 보여준다. 자연은 극단을 선호한다고 한다. 중간 단계는 진화의 법칙에 철저히 배제된다. 아름답고 경탄할 만한 종은 분화를 통하여 탄생한다.

트렌드는 계속해서 변한다. 사회문화적 가치는 순식간에 바뀐다. 대중문화는 스마트 기기를 타고 실시간으로 퍼져나간다. 과학기술은 우리 인류의 생활과 문화를 획기적으로 변화시키는 동시에 분화시키는 절대적인 원동력이다. 예를 들어, 인터넷 환경은 통신 기술의 점진적 발달로 탄생한 것이며, 문화 콘텐츠의 세계적 유통은 이 디지털 기술의 분기적 진화에서 기인한다.

우리의 삶도 개선되고 있지만 어느 시기가 되면 분화해야 한다. 선택의 기로에서 승부수를 띄워야 한다. 인터넷 강국으로 불리는 대한민국은 진화의 제1법칙과 제2법칙을 적절하게 적용하여 현재의 위치에 이르렀다. 이미 앞서가고 있는 선진국을 따라잡는 전략은 바로 '남보다 더 잘하자'가 아니라, '남과 달라야 한다'라는 분기의 법칙이다. 이 분기 법칙을 잘 활용하면 앞서가는 강자를 추월할 수 있다.

삼성이 슈퍼컴퓨터에 집착했다면 현재와 같은 세계적 기업으로 성장할 수 있었을까? 스마트폰 시장으로 분기를 시도하고 집중한 덕분에 세계 시장을 선도하는 갤럭시 폰이라는 쿨한 브랜드가 탄생한 것이다. 박근혜 정부는 미래창조과학부를 중심으로 창조적 성장 전략을 수립하여 국가의 미래를 걸고 있다. 우리 여성도 승부를 걸어야 한다. 그래야 쿨한 나라가 되고, 쿨한 인생이 되는 게 아닐까?

여성성

여성적 리더십으로 가치를 생산하는 감성적 경영 환경이
정착하는 시점에 와 있다.
이제는 여성 공학자의 지적 능력과 감성적 흡인력을
부드러운 리더십으로 구체화하여 창조경제의 주역으로 나설 시기다.

혼돈의 세상을
여성성이
치유한다

열역학 제2법칙인 엔트로피 법칙은 물질과 에너지가 유용한 상태에서 무용한 상태로, 무질서한 방향으로만 변화한다는 것이다. 이 법칙을 인간에게 적용해보면, 정신 활동이 점진적으로 복잡해지고 추상화되고 혼돈에 빠지는 과정으로 나아가는 것을 의미한다. 유효한 에너지를 찾아내는 일이 힘들어지면 인간은 더욱 복잡한 정신적 수단에 의존하게 된다. 정신적 활동의 복잡도가 높아진다는 것은 사고의 단계가 많아진다는 것이고, 이는 더 많은 유용 에너지를 찾아내기 위하여 정보를 대량으로 수집하고, 분류, 저장, 활용하는 상태가 됨을 의미한다. 이러한 과정에서 에너지는 더욱 분산되고 무용한 상태로 변하여 인류 문명은 피할 수 없는 위기에 직면한다. 언제나 걱정이 많은 제러미 리프킨Jeremy Rifkin의 말이다. 서너 수 접고 들어줘도 그의 말은 어느 정도 일리가 있다.

엔트로피 법칙은 남성 중심에서 여성 중심으로 세상이 변해야 혼돈을 치유할 수 있음을 의미한다. 이성적이고 합리적인 남성 중심 사회가 정점에 다다르고 있기 때문이다. 이제 본능적이고 직관적이며 감성적인, 따라서 에너지 효율적인 여성성에 의한 사회 운용은 피할 수 없는 인류 생존의 문제가 되었다. 문제 해결에 있어 지성이나 이성보다는 직관과 본능, 감성적 소통이 더 요구된다는 것이다.

직관과 본능은 현재 인류가 직면한 여러 문제를 해결하기 위한 방법론과 주파수가 잘 맞는다. 이러한 여성적 사고의 단계 과정은 더 단순하고 직관적이며, 따라서 더 적은 에너지가 소비되기 때문이다. 잘 생각해보라. 모든 문제는 보는 시각에 따라 무한히 복잡한 단계를 거쳐 해결되기도, 불과 몇 단계를 거쳐 효과적으로 해결되기도 한다. 이제는 여성의 본능적인 사고방식과 문제 해결 방식이 결국 인류 생존에 필수 불가결한 요소인 시대이다.

여성적 감성을
과학기술 발전에
활용할 기회가 찾아 왔다

　　동식물의 세계에는 놓치면 안 되는 기회의 순간이 있다. 꽃이 가루받이를 하는 짧은 시간, 맹수가 먹이를 덮치는 찰나는 그들의 생존이 걸려있는, 결코 놓쳐서는 안 되는 순간이다. 여간해서는 다시 찾아오지 않으며, 언제 다시 올지도 알 수 없기 때문이다.

　　여성 공학자에게도 모처럼 좋은 기회가 찾아 왔다. 20세기의 지식 기반 사회를 넘어, 새 천 년을 맞이하여 참여와 공유, 그리고 문화적 감성을 토대로 한 감성 사회로 진입하면서, 지식 창출과 활용이 문화적인 감성 터치를 통하지 않고는 무용지물이라는 패러다임의 변화가 일고 있다.

　　영국의 경영전략가 존 호킨스John Anthony Howkins는 창조경제를 '새롭고 독창적인 아이디어로 경제적 자본과 상품을 창조하는 것'이라고 정의한다. 웹 관련 기술과 더불어 휴대용 모바일 기기가 발전하고 보편화되면서, 감성 공유 서비스에 대한 관심이 증폭하고 있다. 서로 빌려주고 빌려 쓰는 개념의 공유경제는 공유 서비스의 일종으로 2012년을 기준으로 25퍼센트 정도 증가할 것으로 예측한다. 숙박을 원하는 사람과 빈방을 연결하는 에어비엔비Airbnb 서비스의 기업 가치는 25억 달러에 이른다. 모바일 결제 서비스 업체인 스퀘어의 기업 가치는 구글을 넘어선 32억 달러에 이른다고 한다. 페이스북과 같은 감성 공유 서비스는 그 생산 가치가 일반 제조업을 훌쩍 넘어선다.

여성 특유의 소통, 관용, 포용, 그리고 융합의 속성을 효율적으로 개발하고 활용하는 일은 국가 발전의 전략적 측면에서 중요한 과제가 되고 있다. 기술 혁신과 국가경쟁력 강화를 위한 여성 고급 인력 양성과 활용에 대한 국가적 관심이 높아지면서 과학기술 분야에도 여성의 역할에 관심이 고조되고 있다. 산업의 원칙과 경영 패러다임이 변하고 있으며, 무엇보다도 상품의 개발 과정이 비정형화되고 간소화되는 동시에 다양해지고 있다. 여성이 해야 하고, 여성만이 할 수 있는 영역이 급격히 확대되고 있다. 세상은 여성성을 원한다. 이 기회를 적극 활용해야 한다. 지금이 기회라고 생각한다면 잡아야 한다. 기회는 좀처럼 찾아오지 않기 때문이다.

창조경제 시대의
화두는
여성적 감성이다

우리나라의 미래를 짊어질 새로운 정부 조직이 오랜 진통을 겪은 후에 미래창조과학부로 어렵게 출범했다. 관련 공무원들은 고도의 기획력과 집행력을 발휘하여 대한민국의 성장 로드맵을 그려내야 하는 막중한 임무를 부여받았다. 미래부의 대통령 업무 보고 내용은 벤처 창업을 활성화하고 기초과학과 소프트웨어, 콘텐츠 산업을 집중 육성하여 40만 개 이상의 청년 일자리를 만들어 창조경제를 견인한다는 것으로 요약된다. 이를 위한 인프라로 과학기술, 정보통신기술, 문화 등을 융합하여 2017년까지 10개의 새로운 산업을 만들어내야 한다. 구체적인 실행 계획은 아직 없지만 방향은 제대로 잡은 것 같다.

이 보고 내용의 핵심은 소프트 콘텐츠 개발이라고 말할 수 있다. 감성과 기술, 산업이 결합하여 새로운 장르의 창조적 콘텐츠를 만드는 것이다. 문화라는 DNA에 세계인이 공감하는 스토리를 추출하여 창의력이라는 RNA에 실어와, 과학기술과 정보통신기술이라는 인프라 구조를 바탕으로 한 새로운 단백질, 즉 스마트 콘텐츠를 생산하는 시스템을 구축하자는 것이다. 일단 이러한 콘텐츠를 생성하면 수많은 복제와 재조합이 이루어져 창조경제 활동이 활발해질 것이다.

대한민국은 이미 정보통신기술 강대국이다. 모든 산업 분야에서 나름대로 세계 최고의 기술력을 확보하고 있다. 그러나 근래에 들어 국가 성장력이 담보 상태에 이르고, 주변국이 맹추격하고 있어 국가 성장에 제동이 걸리고 있다. 지금의 산업 구조로는 성장이 한계에 다다랐기 때문에 이를 돌파하기 위한 새로운 경제개발 패러다임으로 창조경제가 부각되었다고 생각한다.

앞으로 문화적 감성이 창조경제의 촉매제가 될 것이다. 문화라는 것은 감성적인 복합 유기체이다. 그 안에는 역사, 스토리, 기술과 산업의 창의적 융합이 자리 잡고 있다. 이러한 융합의 기제가 바로 감성이다. 새로운 환경에 적응하여 자신의 속성을 새로운 감성적 형식과 내용으로 승화하는 기제는 여성이 지닌 본질적인 속성이다. 미래창조과학부는 우선 여성학을 연구해야 한다. 거기에 창조경제의 핵이 들어있기 때문이다.

이제는 여성의 소프트한 사고가 필요한 시대이다

창조경제라는 새 정부의 국정 과제와 맞물려 정부 각 부처에서는 앞다투어 관련 정책을 쏟아내고 있다. 창조경제는 아직 개념 정립 단계에 있다고 보는데, 여성의 입장에서는 꽤 친숙하고 자연스러운 개념이다. 왜냐하면 여성은 그와 같은 삶을 살고 있기 때문이다. 다만, 그러한 삶의 가치가 사회적 흐름에 맞물리지 못하여 구체화되고 정책화되지 않아서, 그저 문화적 현상의 한 편린으로 인식했을 뿐이다.

창조경제는 감성 경제다. 경직되고 수직적인 사고에서 벗어나 수평적이고 소프트SOFT한 사고의 프레임에서 수행해야 한다. 소비자의 감성에 호소하는 자극이나 정보를 제품의 핵심 기능에 편입시켜, 소비자의 호의적인 감정 반응을 일으키고 소비 경험을 즐겁게 하는 과정을 통해 제품의 경제적 효용 가치를 극대화하는 것이 감성 경제다.

인간의 감각 정보가 시각, 청각, 미각, 후각, 촉각을 기초로 한 멀티미디어 정보라는 측면에서 보면, 모든 상품은 이 감각의 요구를 적절하게 해소하는 정보통신기술을 인프라로 할 수 밖에 없다. 통신 기술이 제공하는 실시간 상호작용을 기반으로 인간 생활에서 가장 일상적이고 원초적이며 감각적인 문화적 소재를 콘텐츠에 담아 배포하는 과정에서, 고도로 전문화된 영역이 합쳐지고 융합한다. 그렇다면 여성 공학자는 감성 경제에서 어떤 역할을 수행해야 하는가?

여성의 사고는 본질적으로 소프트하다. 제조업 중심의 산업사회에서 여성의 사회적 역할은 소외되거나 축소될 수밖에 없었다. 그러나 산업이 고도화하면서 서비스 산업이 발전함에 따라, 하드HARD한 사고에서 소프트한 사고를 기반으로 경영 환경의 방향이 전환되어 왔다. 지금 우리는 여성적 리더십으로 가치를 생산하는 감성적 경영 환경이 정착하는 시점에 와 있다. 보살피고 배려하는 여성적 삶의 양식과 존재 방식이 그 가치를 발휘하고, 국가의 성장을 이끌어가는 견인차 역할로 승화되고 있다. 이제는 여성 공학자의 지적 능력과 감성적 흡인력을 부드러운 리더십으로 구체화하여 창조경제의 주역으로 나설 시기다.

감성 융합 능력으로
미래의
주역이 되자

제품의 기능적 차별이 최소화되고 디자인을 통한 차별화가 마케팅의 기본 전략이 된 지 오래다. 남녀 차별이 완화되고 여성에 대한 사회적 배려가 본격화된 것도 이러한 추세와 그 맥을 같이 한다. 감성을 강조하는 시기를 맞이하여, 제품 디자인의 중요성은 더욱 부각되고 있다.

여성이 걸어온 삶의 궤적을 돌아보면, 감성과 융합이라는 태생적 특성과 잘 맞아떨어지는 여정이었다. 특히 결혼을 하고 무수한 갈등을 경험하며 시댁의 새로운 환경에 적응해왔다. 남자와 다른 점이 바로 이러한 융합, 사랑과 이해, 소통의 긴장을 경험하는 강도라고 할 수 있다. 서로 잘 맞지 않을 것 같은 두 집안을 하나로 묶어내는 소통과 흡착력은 여성의 본능적인 속성이다. 이제는 이러한 속성을 최대한 활용하고 적용하는 일만 남았다.

　최근 사회 각 분야에서 융합이 대세이다. 기술과 예술의 영역이 모호해지고 공학과 미학의 경계가 허물어져가는 시대적 흐름에서 경직된 사고는 적절하지 않다. 예를 들어 건축 디자인 전문가는 구조를 분석하기 위한 컴퓨터 공학 지식을 갖춰야 하며, 건축구조 전문가는 구조 해석 과정에서 디자이너 역할을 동시에 수행해야 한다. 이와 같이 앞으로 학문의 영역이나 경계를 구분 짓지 않고 상호 소통하는 과정에서 감성 공학이 완성될 것이다.

　여성 공학인으로서 미래의 주역이 되고자 한다면, 디자인뿐 아니라 공학을 포함한 모든 영역에 관심을 가지고 꾸준히 노력하는 감성 엔지니어로서의 자질을 갖추어야 한다. 감성적 융합 능력은 여성에게 무엇보다도 큰 자산이다. 이성과 감성을 조화롭게 다룰 줄 알고 일상적인 삶 속에서 다양성을 추구할 줄 아는 여성에게 무한한 가능성을 제공하는 분야가 바로 감성 공학이다.

이미지 관리에
감성 마케팅을
활용하라

2007년에 등장한 아이폰은 급속도로 팔려 나가며 소위 대박을 터뜨렸고, 새로운 개념의 개인용 스마트 기기의 지배자로 정착하는 듯했다. 그러나 삼성과 LG의 끈이은 추격으로 애플은 지금 수세에 몰리고 있다. 아마 오래지 않아 어디에선가 칼날을 갈고 있는 또 다른 후발 주자의 강력한 추격이 이어질 것이다. 이러한 변화의 뒤에는 감성 마케팅이라는 개념이 자리 잡고 있다.

마케팅이란 파는 행위와 연관된 모든 전략적 과정을 의미한다. 마케팅 전략은 변화하며, 이러한 변화를 리드하는 기업은 성공한다. 마케팅 전략의 변화 속도가 빨라지고 있다. 기기의 기능이 상품 구매의 절대적 선택 요건으로 작용했던 이성 마케팅은 물러가고, 감성적 경험을 구매하려는 소비자의 요구를 반영한 감성 마케팅이 그 역할을 대신하게 되었다. 상품을 사는 사람들은 기능만을 사는 것이 아니라 감성적 경험을 구매하고자 한다.

이러한 감성적 경험은 폭넓은 문화적 개념을 바탕으로 한다. 문화는 인간성을 표상하는 무용, 미술, 문학, 음악, 공동체, 자연 사이의 균형과 조화를 이루고자 한다. 이 문화적 요소가 기술력, 시장 환경과 결합하면 감성 마케팅이라는 개념이 탄생한다. 이러한 감성 마케팅의 개념을 여성 공학인의 개인 이미지 관리에 적용해보자.

여성은 아름답다. 외모뿐 아니라 내면의 감성적 조화와 조율로 드러나는 여성성에는 본질적인 아름다움이 있다. 여성 공학인의 경력 관리에서도 감성적 마케팅을 적용할 수 있다. 그 핵심은 자신의 기술력을 바탕으로 상대방의 감성을 움직이는 매력을 전개하는 것으로, 자신만의 브랜드 가치를 높이고, 나에 대한 상대방의 브랜드 충성도를 높이는 것이다. 이 충성도를 경력 관리에 마음껏 활용해보자.

여성 공학인으로서 남성과의 차별화 전략은 매우 중요하다. 자신이 속한 조직에 아름다운 꿈, 즐거움, 자부심, 따뜻한 인간미를 심어주는 일은 여성이 할 수 있는 일이다.

여성만의
의사소통 능력으로
네트워크를 형성하라

문제 해결에 대한 지식이나 능력, 자신감 등에서 여성과 남성 간의 차이는 있을 수 없다. 생리적인 차이가 있을 뿐이다. 그러나 여성의 경우, 생리적인 차이를 스스로 약점으로 인식하는 경향이 있다는 점은 생각해 볼 만한 구석이 있다.

차이가 있어서 생물은 진화한다. 그 차이란 일반적으로 필연적이 아니라 임의적이다. 따라서 차이를 강점으로 활용하고자 하는 의지를 생존 전략으로 키워야 한다.

대학에서 공학을 전공하는 여학생의 경우, 소수집단으로서 어려움을 겪는다. 이러한 고충은 여성 간의 네트워크가 상대적으로 약하다는 데에 그 이유가 있다. 일차적으로는 수적으로 적다는 것이 문제가 된다. 최근 공학계 여학생 입학 비율이 18퍼센트를 넘어서고 있다. 하지만 한 조직에서 여성 비율이 30퍼센트 이상이어야 조직으로서 기능이 활성화된다고 하니 여전히 소수인 것이 사실이다. 따라서 여성 간 네트워크를 적극적으로 형성해나가야 한다. 네트워크가 형성되지 않으면 의사소통에 한계가 있고, 교환하는 정보의 양과 질이 상대적으로 떨어진다.

여성은 의사소통 능력이 선천적으로 뛰어나다. 여성은 상대방으로 하여금 행동하고, 판단하며, 특별한 인식을 하게 하는 능력이 있다. 여기에 어떠한 감정을 가지도록 하는 능력도 있다. 이런 여성의 특출한 능력은 의사소통의 핵심적인 목적에서 기인한다. 일단 네트워크가 구성되고 여성 특유의 수다를 의사소통의 방편으로 진화시킬 수 있는 터가 마련되면, 지금까지 없었던 시너지 효과를 기대할 수 있다.

여성은 정직하고 진실하므로 멋진 네트워크를 만들어낼 수 있다. 시간이 나면 서로 만나 수다를 떨자. 하루에 적어도 세 명 이상의 여자 친구에게 카카오톡을 날리자. 뭉치고 커지면 힘이 생긴다.

여성성으로
사회적 지위를
높이자

　　대학 진학, 사법고시 및 교원임용고시를 비롯한 각종 자격고시에서 여성 합격률이 높아지는 추세다. 사회, 경제 그리고 정치에 이르기까지 여성들의 사회 참여 비율은 가파르게 상승하고 있다. 사회 각 분야에서 여성이 우수한 성적을 올리고 있다는 소식은 더 이상 새삼스러운 일이 아니다.

　　국제연합 개발계획United Nations Development Programme은 매년 인간개발보고서를 발표하고 있다. 여기에 '여성 권한 척도'라는 수치가 있다. 이 수치는 의회 의원, 상위 관리직, 전문직 그리고 기술직에서 여성의 비율, 남녀 간 소득 격차 등을 지수로 하여 여성에 대한 기회균등 정도를 종합적으로 평가한 것이다. 우리나라는 세계 50위 정도를 유지하고 있는데, 경제 발전 수준이나 종합적인 삶의 질을 나타내는 인간 개발 지수에 비하여 한참 뒤쳐져 있다. 이 척도에서 상위권을 차지하고 있는 나라는 삶의 질을 나타내는 다른 지표들과 더불어 소득 분배 균형, 부패 지수, 행복 지수에 이르기까지 역시 최고 수준을 보이고 있어서 서로 밀접한 연관성이 있음을 확인할 수 있다. 한 사회의 역량은 경제력이나 군사력에 의해서만 결정되지 않는다. 오히려 사회적 자본이라고 할 수 있는 기회의 균등과 공정성, 약자에 대한 배려, 지속적인 안정감과 행복에 대한 믿음이 더 중요한 지표가 되고 있다. 이 지표의 핵심적이고 실증적인 기준이 바로 여성의 사회적 진출과 위치의 수준이다.

요즘 젊은 세대는 남성의 군대식 집단 문화가 결코 사회생활에서 장점으로 발휘된다고 생각하지 않는다. 군대에 다녀와서 어느 정도 반듯해진 복학생도 외모를 가꾸는 데 관심이 많다. 털실을 만지작거리며 여자 친구에게 줄 목도리를 짜는 남자가 있을 뿐 아니라 관련 웹사이트까지 있다. 이러한 현상을 보면 여성과 남성 간의 차이가 본질적이고 태생적인 것이 아니라 다분히 문화적인 요소라는 것을 간파할 수 있다. 이제는 남성 스스로 그동안의 역사와 문화에 의해 고착된 자신의 정체성에서 자유로워지려 한다. 우리는 생물학적으로 완전성을 보유하고 있는 여성이다. 우리의 잃어버린 세계를 당당히 되찾아 재건할 시기가 왔다.

과도한 열정은
스스로
다스려라

대한민국 여성은 교육열의 화신으로 비유되곤 한다. 여성 특유의 자식 사랑과 경쟁적 시샘은 교육열로 연결된다. 그러나 이제는 그 열정을 달리 발산할 적절한 통로를 마련해야 한다. 자식 교육을 위해서라면 어떤 난관도 돌파하고자 하는 집요한 의지는 긍정적인 현상이다. 대한민국 아줌마라면 본능적으로 교육의 힘을 꿰뚫고 있다. 꼭 자녀의 대학 입시를 위한 교육열만을 말하는 것이 아니다.

자신의 지적 계발과 성장을 위하여 한국 여성만큼 치열하게 노력하는 민족이 있을까? 지자체가 운영하는 문화센터에는 여성들이 득실거린다. 유명 강사들의 강좌에는 언제나 장바구니를 들고 온 아줌마들로 넘쳐난다. 그런데 왜 아줌마라는 단어가 평가 절하된 냉소적 표현으로 전락했을까? 아마도 이들의 물불 안 가리는 저돌성 때

문일 것이다. 대한민국의 특수한 사회에서 '무조건 일류 대학의 졸업
장을 거머쥐어야 한다'라는 생존 전략에 집착할 수밖에 없었던 강박
을 이해할 만하다. 그렇지만 이제부터라도 진정한 자기 성찰을 통해
자신의 존재성을 확인하고, 사회적 영역으로 뿌리내릴 수 있는 구체
적인 역량과 경쟁력을 구축해야 한다. 우리 여성 공학인도 틀림없이
대한민국의 아줌마 대열에 서 있다. 자식의 팔을 이끌고 공항으로 향
하건, 학원으로 데리러 나가건, 내 삶의 의미는 자기 자신에게서 확
인하는 수밖에 없다.

남성 위주의 전문 분야에서 경쟁에 뛰어들었다면, 여성이기 때
문에 받아야 하는 이익과 불이익의 교차점에 들어서게 된다. 여성 차
별적 불이익을 받는 경우가 일어난다면 공정하지 않은 게임에 들어
선 것이다. 공정성을 훼손하는 걸림돌을 찾아 걷어내야 한다. 그래야
만 기회가 생기고, 자신의 존재에 대한 튼튼한 기반과 통로가 만들어
진다. 많은 경우, 걸림돌은 바로 자신이다. 자신의 마음속에 스멀거
리는 무절제한 경쟁심과 게으름이다. 철저하게 파고들고 깊이 성찰
하여 제거해야 한다. 과도한 열정은 독이 될 수 있기 때문이다.

감성의 힘으로 진화와 융합의 DNA를 구현한다

21세기에 들어서면서 등장한 '여성이 시대를 선도한다'라는 문구를 아직도 구호로만 여기며 흘려버리는 경향이 있다. 여성성을 모성, 자애, 포용성 등 남성성의 부족함을 보완하고 대치하는 요소로, 지금까지 우리를 지배해온 가치의 아쉬운 점을 채우는 플러스알파 정도로 여기는 것이 사실이다. 그러나 여성적 감성의 역할이 등장하였다는 것은 기존 거대 담론을 주도하던 남성 중심적 세계에 대한 파괴와 해체, 그리고 재구성을 의미한다.

감성의 파괴력은 얼마 전 세상을 떠난 스티브 잡스가 이룬 애플의 자기충족적 생태계와 그 지배력에서 여실히 드러난다. 여성적 감성으로 기존의 체계를 파괴하고 재구성하는 예를 1984년 방영된 애플의 TV 광고에서 들여다볼 수 있다. 대형 화면에서 빅브라더가 고압적으로 연설을 하고 그 앞에 군중들이 로봇과 같이 정렬하여 차려

자세로 듣고 있을 때, 저 멀리서 대형 해머를 든 젊은 여성이 달려와 해머를 화면으로 집어던지며 매킨토시의 출시를 알린다. 진정한 인간 중심의 새로운 컴퓨터 도래를 선언한 광고다.

인간의 진화는 여성이 선도하였다는 것이 정설이다. 스티브 잡스는 이러한 풍부한 수용성을 지닌 여성적 진화 DNA를 끄집어내어 구체화하였다. 여성적 감성이 물씬 풍기는 애플의 제품은 인간의 아날로그적인 속성을 이해하고 그것을 디지털 세계에 풀어놓아 사람들의 공감을 얻은 것으로 보인다. 즉, 잡스는 디지털 기술이 아날로그로 제대로 이해되고 번역되지 않으면 한계가 있음을 증명하고 이를 해결한 것이다.

지금까지는 기술적 수준만 높으면 그 가치를 인정받았지만, 이제는 문화적 수준이 뒷받침되지 않으면 경쟁력 있는 기술로 인정받지 못하는 시대가 되었다. 기술과 예술이 만나야 구매자를 매료하는 제품을 만들 수 있고, 공학과 인문학, 사회과학이 만나야 예술적 상상력이 융합된 수준 높은 기술인이 될 수 있는 시대이다. 이제 진화의 DNA, 융합의 DNA를 가진 여성 과학기술자의 시대가 온 것이다.

리더십

리더의 자리는 고뇌하며 결단을 내리고, 결과에 책임을 져야 하는
외로운 자리다. 상황을 이해하고 주위를 품어 안고
과감한 결단을 내리는, 따뜻한 카리스마를 지닌 리더가 많이 등장하여
우리 사회가 더욱 발전하기를 기대해본다.

동반자나
파트너로서의 리더가
바람직하다

　　한 조직의 장이 되는 것은 많은 것을 의미한다. 최고의 위치에 있다는 막중한 책임감으로 스트레스가 밀려오기도 하고, 성공했다는 자족감에 슬며시 미소를 짓기도 한다. 하나밖에 없는 최고의 위치에서는 아래를 내려다볼 수 있다. 조직을 한눈에 볼 수 있는 안목이 있어야 그 자리를 차지하기도 하지만, 일단 그 위치에 올라서면 아래가 내려다보이기도 한다. 막강한 권력을 휘두르며 조직의 흥망을 손아귀에 쥐지만 쾌감도 잠시, 처절한 패배의 나락으로 추락하기도 한다.

　　리더는 자원을 관리하여 배분해야 한다. 의사 결정 과정 하나하나가 도전이며 이것에는 엄중한 평가와 책임이 수반된다. 고도의 집중력이 필요하고 조직원 모두를 아우르는 지도력을 발휘해야 한다. 자신을 위한 사적인 시간은 일찌감치 사라지며 일거수일투족이 주시된다. 가정은 점점 멀어지고 주머니 속 알약은 많아진다.

　그러나 인생에 있어 단 한 번도 '짱'의 위치에 올라서지 않았다면 인생을 안다고 할 수 없다. 알아서 무슨 소용이 있냐고 반문할 수 있지만 삶은 그러한 책임감을 통해 더욱 성숙하는 것이 사실이다. 자신의 비전으로 소통의 기회를 만들 수 있고, 그 비전을 명확히 함으로써 조직의 성공을 향하여 돌진하며, 동기부여를 실질적으로 체험할 수 있다. 기회가 주어진다면 짱의 위치에 올라서라. 의지만 있다면 누구나 할 수 있다. 이것은 결국 선택의 문제이기 때문이다.

　그렇다면 어떤 짱이 되어야 하는가? 알베르 카뮈Albert Camus는 이렇게 말한다. "내 앞으로 걸어가지 마라. 나는 따라가지 않는다. 내 뒤를 따라오지 마라. 나는 이끌지 않을 테니. 내 옆에서 걸으면서 내 친구가 되어다오." 짱의 정의를 바로 이렇게 내려도 괜찮을 것 같다. 누가 누구에게 무엇을 일방적으로 지시하거나 제공함으로써 한 조직의 목표를 달성하는 일은 점점 어려워지고 있다. 그보다는 파트너로서 조정자로서 혹은 지휘자로서의 역할이 강조되고 있다. 집단적 동기부여에는 동반자나 파트너로서의 리더가 바람직하다. 해결해야 할 문제는 나날이 복잡해지고 있어서 리더의 개인적 역량만으로는 자원의 효율적인 배분과 통제가 불가능해지고, 최적의 비전과 방향을 제시하며 전략을 수립하는 일이 점점 어려워지기 때문이다.

융합의 시대에는
여성의 부드러운 리더십이
필요하다

우리나라 100대 기업의 여성 임원의 수가 처음으로 100명을 넘어섰다. 이제야 한국 사회를 이끌어가는 여성 리더들을 어느 정도 찾아볼 수 있다. 여성 리더가 증가한 것은 비즈니스의 성공 요인(감성, 소통, Soft Power)과 리더십의 필요 조건(다양성, 공감대, 창의성)이 여성적 특징과 일치하여 차별화된 경쟁력을 만들어냈기 때문이다. 최고의 여성 리더는 과거와 같이 남성 혹은 중성적 모습으로 남성과 경쟁하지 않는다. 여성스러움 자체가 하나의 장점이다.

일하는 방식도 조금씩 달라지고 있다. 이제는 강한 힘으로 어필하는 리더보다 상대를 배려하고 화합하면서 창의성을 이끌어내는 부드러운 리더를 원하고 있다. 기술 분야의 발전을 위해서 이성이 요구된다면, 예술 분야에서는 감성이 요구된다. 융합의 시대에는 기술

과 예술을 융합해야 하므로 여성적 감성이 강조되는 부드러운 리더
십이 필요하다. 일방적으로 일을 할당해서 관리하고 통제하는 남성
적 감성보다는, 서로 의사소통하면서 일을 창조해가는 여성적 감성
의 역할이 더 효율적이고 효과적이라는 것을 의미한다.

창의성과 경험 지식이 중시되는 지식사회에서 이제는 권위와
힘으로 대표되는 남성적 리더십만으로는 살아남기 힘들다. 이것이
바로 포용, 섬김, 배려 등의 여성적 감성을 강조하는 '여성 리더십'이
주목 받는 이유이다.

여성의 부드러운 리더십은 엄마로서, 아내로서 잘 들어주는 자
세로부터 출발한다. 오래 참으며 성심껏 최선을 다하여 영혼을 불어
넣는 마음과 섬세함, 창의성을 살려 차별화된 리더십을 발휘하자. 앞
으로는 성장에서 성숙으로, 교육과 경쟁에서 문화와 협력으로 이끄
는 부드러운 리더십이 통할 것이다.

따뜻한 카리스마로
리더십을
발휘하라

역사를 뒤돌아보면, 큰소리치며 강인해 보이던 남성 리더가 위기에 무력하게 무너질 때 여성 리더가 나타났다. 여성의 숨겨진 따뜻한 카리스마가 위기를 이겨내는 원동력이다.

현재 여자가 총리나 대통령인 국가는 전 세계에서 16개국에 불과하지만 여성이 리더 자리에 있다는 사실 자체만으로 여자 어린이에게는 좋은 롤모델이 될 수 있다. 이공계 출신의 총리나 대통령들은 화끈한 추진력과 함께 여성 특유의 부드러운 카리스마로 정국을 안정적으로 이끌어 자국민의 지지를 받았다. 사회 통합과 경제 발전, 정권의 도덕성 면에서도 남성 정상보다 우월한 면모를 보여주었다.

독일 통일의 격동기에 정치에 뛰어들어, 섬세한 리더십으로 통합의 정치를 실현한 앙겔라 메르켈Angela Merkel 총리는 베를린 과학아카데미 물리화학연구소에서 양자화학 분야 연구원으로 일하던 평범한 여성 과학자였다. 강인한 리더십으로 경제 위기를 이겨낸 영국의 마거릿 대처^{Margaret Thatcher} 전 총리는 옥스포드 대학교 화학과 출신이었다. 책임지는 리더십으로 높은 지지를 얻은 칠레의 최초 여성 대통령 미첼 바첼레트^{Michelle Bachelet} 전 대통령은 피노체트 정권의 모진 고문을 이겨낸 의학도였다.

리더의 자리는 고뇌하며 결단을 내리고, 결과에 책임을 져야 하는 외로운 자리다. 상황을 이해하고, 주위를 품어 안고, 과감한 결단을 내리는 따뜻한 카리스마를 가진 리더가 많이 등장하여 우리 사회가 더욱 발전하기를 기대해본다.

여성 특유의
내면적 리더십을
폭발시키자

　　한류 가수 보아는 가수 지망생을 위한 오디션 프로그램에서 심사위원으로도 활동했다. 그녀는 다른 심사위원과 차별화된 스타일로 심사평을 하여 인기를 얻었다. 겉으로 드러난 재능뿐만 아니라 내면 깊숙이 숨어있는 참가자의 잠재력을 알아보고 수용하고 배려하면서, 진정으로 그 잠재력을 이끌어내는 보아의 유연한 소통 능력이 시청자들의 공감을 얻은 것이다. 그러나 여성의 새로운 리더십 모델로서 각광받고 있는 보아의 리더십은 사실 여성이라면 누구나 유전자 안에 지니고 태어나는 속성의 일부일 뿐이다.

　　시대가 변하고 있다. 시대가 변화한다는 말 속에는 사회를 지배하는 주체가 이동한다는 속뜻이 있다. 농경시대에는 종교, 산업시대에는 국가, 정보화시대에는 기업이었고 지금은 개인으로 주체가 이동한다. 현대는 바로 감성 시대이다. 개인의 다양성과 잠재력을 극대화하고 이를 조화시키는 여성 리더십이 요구된다는 말이다.

기술과 시장이 개인 맞춤형 패러다임으로 변화하고 있다. 흡인력 있는 개인화 기술의 지속적인 등장은 소비자의 구매 습관을 바꾸고 경제 발전 방향을 급선회시킨다. 폭발하는 정보량을 분석하여 소비자 개개인의 마음과 습관을 읽어내는 기술이 보편화되고 있다. 기존의 정형화된 경영 기술과 마케팅 스타일은 리더들의 지적 능력을 평준화하였지만 감성적인 요소를 접목하여 더욱 고도화되고 섬세해진 리더십의 모델로 활용하기에는 부족함이 있다.

기존의 리더십에 여성적 감성 리더십이라는 플러스알파 요소가 빠져 있다면, 오래지 않아 도태될 것이다. 타 문화와 자연스럽게 호흡할 수 있는 융합 능력, 일상을 창조적이고 감각적으로 설계할 수 있는 능력, 의사소통에 능수능란하여 관계를 돈독히 유지할 수 있는 능력, 생존 전략의 우위에 서게 하는 쿨하고 우아한 개성 등은 여성이 태생적으로 소유하는 특성이다. 이를 확대하고 증폭하고 적용하자. 이제 모든 개념이 바뀌고 있다. 우리도 바뀌어야 한다. 내면의 여성적 리더십을 폭발시키자.

성공한 선배들이
지켰던 가치를
체득하라

주위를 둘러보면 우리가 얼마나 많은 일을 할 수 있으며 얼마나 많은 조직이 우리를 원하고 있는지 알게 된다. 그러나 이전에는 이러한 기회가 여성에게 주어지지 않았다. 이제 우리나라는 대통령도 여성이며, 모든 정부 시책은 이공계 여성의 적극적인 참여를 요구하고 있다. 끼어들 틈새가 곳곳에 널려 있다. 활기차게 움직이고, 자신의 전공에 몰두하고 참여하면 기회는 오게 되어 있다. 잠시 머물다 갈 이 세상에서 우리가 누릴 수 있는 큰 행복이다. 그러나 단순히 외형적인 성공만으로는 공허할 수 있다. 여기에 성공한 선배들이 지녔던 행복의 토대를 이루는 가치들이 있다.

먼저, 인간관계를 소중하게 생각하는 태도다. 그들은 상호 간에 존중과 배려가 있었으며 어떤 경우에는 희생도 마다하지 않았다. 이 가치는 모든 다른 가치를 규정하는 토대가 된다. 어떤 일을 하든, 어떤 학위를 가졌든, 어떤 가족적인 배경이 있든, 서로 이해하려 노력하고 같은 인간으로서의 존엄성을 인정하는 것이다. 그러면 자연스럽게 네트워크가 형성된다. 팀워크가 이루어지고 서로 간의 존중을 통해 품위를 지키면 공동체는 시너지 효과를 누리게 되어 있다. 팀원들이 능동적으로 의사 결정 과정에 참여하면 능률과 효율이 높아진다.

다음으로 정직함과 성실함이다. 이는 신뢰성의 기초가 되는 가치들이다. 성공적인 변화는 신뢰성에 기초하기 때문이다. 생산성 또한 성공을 이루는 가치로, 선배들은 여기에 남다른 가치를 부여할 줄 알았다. 그들은 자신의 일에 대하여 지속적인 개선과 향상을 추구했다. 변화하지 않으면 퇴보할 수밖에 없는 분야가 공학이다. 변화의 속도감을 온몸으로 체감하기 위하여, 전공에 대한 열정을 결코 식히지 않았다.

마지막으로 사회적 책임감이라는 경영 가치이다. 그것은 자신의 삶을 통제하고 지혜와 동기를 유지하고 남을 돕는 희생정신이다.

소통에 기초한 인간관계와 팀워크, 성실함과 정직함, 그리고 생산성 있는 지적 활동, 사회에 대한 책임감은 성공을 위하여 반드시 체득해야 할 가치이다. 이는 우리의 선배들이 목숨을 걸고 지켰던 가치들이다. 그래서 그들은 리더로서 성공할 수 있었던 것이다.

여성성이 자연적으로 리더의 자질을 제공한다

우리 선배들은 참으로 다양한 통로를 통해 리더의 위치에 올랐다. 리더의 자질에 관한 수많은 책들이 있지만, 어느 것도 이들의 행보를 정확하게 짚어낸 책은 없는 것 같다. 리더의 정의가 애초부터 다양하기 때문이다.

생물학적인 관점에서, 리더란 자신의 유전자를 확대 재생산할 수 있는 통치 영역을 확대하기 위한 전략적 포지션에 불과하다는 주장도 있다. 그러나 리더가 자신의 영역을 확장하는 데에만 집중한다면 그를 따르던 사람들은 하나 둘 떠나갈 것이다. 사람들은 자신의 영역을 확장해주는 리더에게로 발길을 돌리게 되어 있다. 여기서 말하는 영역이란 가치를 생산하는 수단을 말하며, 가치란 인간이 소중하게 생각하는 그 무엇이다. 즉, 리더란 인간이 소중하게 생각하는 것을 공유하고자 한다. 여성은 이러한 일에 일가견이 있다.

여성은 아기를 낳을 수 있는 생리적인 구조를 지니고 있다. 출산의 고통과 환희를 통해서 여성은 새롭게 태어난다. 이러한 경험이 있는 리더와 결핍된 리더의 차이는 바로 인간에 대한 사랑의 본질을 이해하고 있느냐 없느냐의 문제로 결부된다. 여성은 사람을 다루는 태도에 있어 남성과 큰 차이를 보인다. 어린 자식을 키운 모성애의 경험은 직장에서 메마른 완벽만을 추구하기보다는 어려운 여건의 직원들을 이해할 수 있게 한다. 바로 사랑이라는 본능적인 충동과 인간의 고귀함을 알고 있기 때문이다. 무엇보다도 소신 있게 일을 추진하는 데는, 어떠한 어려움도 극복하는 한국 어머니의 정신이 중요한 게 아닐까 생각한다. 여성 리더는 자신의 영역을 확장하려는 목적으로 수단을 가리지 않고 타인의 희생을 강요하는 마키아벨리즘Machiavellism을 추종하는 사람이 결코 아니다.

동료를 인간적으로 이해하고 공동의 목표에 도달할 수 있는 분위기를 마련해주는 파트너의 역할을 기꺼이 감당할 수 있다면, 바로 리더의 자질이 있는 사람이다. 이런 사람이 우리 사회가 원하는 진정한 리더이다. 동료의 애로사항을 감지하여 해소할 수 있는 방안을 적절히 마련해주고, 비전을 제시하며 앞장서서 책임을 감당할 수 있다면 여성 공학인 리더의 자격을 갖춘 것이다.

융합에 강한
여성 공학기술인이
창조경제를 이끌어간다

여성은 시대적 환경과 요구에 적응하며 인류 발전에 기여해왔다. 그러나 봉건 사회와 근대를 거치며 여성의 역할은 축소되고 왜곡된 경향이 있다. 최근 들어서 여성의 역할과 능력을 강조하는 말이 자주 들린다. 긍정적인 현상으로 여기지만, 짚고 넘어갈 부분이 있다. 우리 사회는 아직 여성성을 남성성의 부족함을 보완하는 요소로 바라본다. 여성성을 모성, 자애, 포용이라는 개념과 동일시하며, 여성이 지닌 풍부한 수용력과 진화를 추구하는 유전자적 형질을 제대로 활용하지 못하고 있다.

여성이 지닌 고유한 능력과 그 활용법을 '창조경제'를 들어 이야기할 수 있다. 창조경제는 기존의 추격 모방형 경제에서 선도 창의형 경제로 진화함을 의미한다. 과학기술과 산업, 문화와 산업이 융합해 산업 간 경계선에 창조의 꽃을 피운다는 것이다.

창조경제라는 말이 나온 배경은 사회문화의 성숙과 과학기술 발전의 동일 선상에서 볼 수 있다. 예전에는 기술적 수준만 높으면 그 가치를 인정받았지만, 이제는 문화적 수준이 뒷받침되지 않으면 경쟁력 있는 기술로 인정받지 못한다.

그래서 진화의 DNA, 융합의 DNA를 지닌 여성 과학기술인의 역할이 중요해지고 있다. 여성의 뇌는 공감과 의사소통에 적합하다. 특히 관계 중심적 사고에 강하다. 여성은 멀티태스킹 능력, 타 문화 적응력, 감성적 표현력과 수용력이 탁월하다. 이런 장점을 융합기술 개발에 효율적으로 활용할 수 있다. 창조경제 시대에 여성의 역할이 더욱 중요해지는 이유이다.

결론적으로, 선진국을 지향하는 우리나라의 지속 가능한 성장을 이끌어내기 위해서는 여성의 사회 진출과 참여 확대가 필요하다. 수용력, 아이디어, 문화적 감성 등에 기반을 둔 융합의 DNA를 지닌 여성 과학도는 국가 미래의 희망이자 창조경제의 주역이 될 것이다.

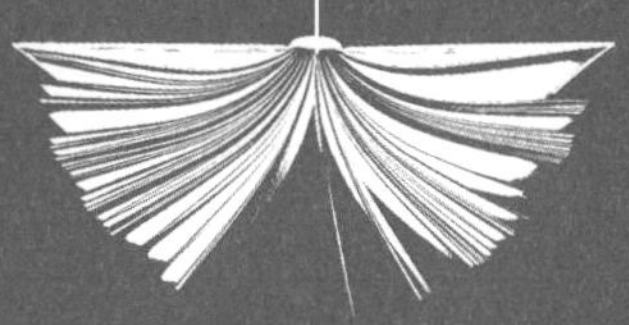

전공

공학자는 정직하고 성실하고 매사에 진지하며,
자신이 하는 일을 즐기는 사람이다.
공학자는 뚜렷한 목표 의식을 갖고 난관을 견디며 한 걸음씩 나아간다.

전공의
의미에 대한
깨달음은 계속된다

초등학생에게 과학이 무엇이냐고 질문하면 무엇이라 대답할까? 대학원생은 무엇이라고 대답할까? 뻔해 보이는 질문이고, 누구나 답을 아는 질문이라고 생각하겠지만, 정답을 말하기가 그리 쉽지 않다.

학위를 받은 사람이라면 대학원 과정에서 논문 주제를 무엇으로 정해야 할지, 그 주제를 어떻게 풀어야 할지, 안개 속에서 헤맨 적이 있을 것이다. 교수와 상담하거나 연구실 세미나를 할 때마다, 도살장에 끌려가는 소처럼 참담하기만 했던 기억이 날지도 모른다. 그러던 어느 날 누군가 연구란 무엇이고, 과학은 어떤 것인지에 관한 팁을 주는 순간, 아하! 이런 것이 연구 작업이고, 내가 전공하는 공학이나 과학의 본질이구나 하는 일종의 깨달음을 얻은 기억도 있을 것이다.

예를 들어, 똑같은 환경에서 다른 사람들이 내가 만들어놓은 답을 가지고 적용하여 사용할 수 있게 하는 것이 과학의 본질이라고 이야기할 수도 있다. 1 더하기 1이 나한테만 2가 아니라 남한테도 2가 되어야 한다는 말이다. 너무 뻔한 얘기라서 '도대체 뭔 소리야?'라고 생각할 수도 있겠지만, 이 말이 인생의 터닝포인트가 되었다는 경험자도 있다.

특정인에게만 적용되는 초자연적 은밀한 법칙이 아니라, 아무나 가져다 써도 똑같은 결과를 내야 하는 게 과학이라는 걸 깨닫는 순간을 그는 잊을 수 없다고 한다. 이런 단순한 말이 누군가에게는 세상이 달라 보이고, 연구를 왜 해야 하는지, 어떻게 해야 하는지 실마리를 푸는 계기가 되는 것이다. 이러한 순간을 맛본 사람들은 행운아다. 한 사람의 삶에서 자신이 전공하는 학문의 역할이란 과연 어떤 것일까? 이러한 끝없는 의문 속에서 연구는 계속되고 있다.

공학은
무한히 창의적이며
너무나 인간적인 영역이다

공학은 필요 이상으로 많은 말을 거부한다. 외부의 압력에 굴복하는 학문도 아니다. 사회의 오랜 편견과 통념도 사절한다. 여성이 소수라고 홀대하는 분야는 더더욱 아니다. 과학과 수학을 기초로 한 공학에서는 남성과 여성 간 성취도에 차이가 날 수 없다. 다만 환경에 의한 심리적인 압박과 선택만이 사회적 취향으로 남아있을 뿐이다. 성별에 의한 생리적 요인이 인간의 정신적인 활동에 영향을 준다는 어떤 의미 있는 학설이나 주장을 읽어본 적이 없다.

공학은 객관적인 실험과 논리적인 추론, 창조적인 가설을 통해 얻은 연구 결과에 의하여 엄정한 평가를 받는다. 아무리 유능한 연구자의 연구 결과가 한 시대의 과학계를 풍미한다고 해도, 이름 없는 한 연구자가 제기한 반론에 의하여 가차 없이 쓰레기통에 버려질 수 있다. 공학을 전공한 사람은 철두철미하게 객관성을 유지하여 관찰하고 기록하며, 자신의 연구 결과에 대한 끊임없는 평가와 피드백에 주의를 집중한다. 따라서 무한한 진리의 공간 안에서 절대로 오만하지 않고 겸손하게 남의 목소리에 귀를 기울이고, 공정하며 논리적으로 행동한다. 인간이 찾아낸 진리가 얼마나 허약하고 엎어져 깨지기 쉬운지 잘 알고 있기 때문이다. 공학자는 자신의 업무에 대해서는 철저하면서도 동료에 대한 무한한 관심과 배려를 가지고 있다. 그러기에 인간을 보는 공학자의 눈은 언제나 따뜻하다. 자신의 시각이나 주장이 언제나 인간 주위를 맴돌고 있다.

이러한 이유로 과학이나 공학은 결코 건조한 분야가 아니다. 항상 인간의 한계를 인지하고 그 한계를 넘어서고자 노력하는 한, 우리는 인간 자체를 사랑할 수밖에 없다. 절대적인 지배자가 가치 체계를 통제하는 방식에 공학자들은 결코 동의하지 않는다. 공학은 무한히 창의적이며 풍부하고 재미있는, 정말로 인간적인 영역인 것이다.

공학에 속한 이들은 '정직하게 최선을 다하여 열심히 살았다'라고 자신을 돌아보는 삶을 영위할 수 있다. 지속적으로 자기 혁신을 게을리하지 않으며 가치중립적인 연구와 개발에 평생 몰두할 수 있다. 세상이 필요로 하는 현실적인 목표를 가지고 일하므로 그에 대한 보상도 따른다. 자신이 좋아하는 일을 하면 그 결과물을 많은 사람이 좋아해준다. 이러한 것이 공학자가 당당해질 수 있는 이유이다.

공학이
따뜻해지고
있다

이성적이고 차가운 공학 이미지가 감성적이고 따뜻한 이미지로 변하고 있다. 공학기술은 현대인의 일상생활과 밀접한 관계를 맺으며 가까이 다가간다. 시계의 알람 소리에 잠을 깨고, 전자레인지로 아침식사를 데우고, 출근길에 스마트 폰으로 어학 공부를 하고, 엘리베이터를 타고 사무실에 들어가 컴퓨터로 업무를 본다. 잠시도 공학이 개발한 상품이나 산물과 떨어져 살 수 없다.

따라서 공학은 인간 친화적 가치관을 반영한 따뜻한 상품을 만들어야 한다. 부드럽고 여성적인 공학 이미지가 살아나는 이유이다. 공학 분야는 확실히 감성 공학으로 탈바꿈하고 있다. 현대의 공학은 복합 학문으로 진화하고 있다. 공학계열과 인문계열 전공이 융합된 새로운 공학적 패러다임이 구축되고 있다. 이러한 변화 속에서 공학은 딱딱하고, 거칠고, 기계적이고, 이성적인 학문 분야에서 부드럽고, 유연하고, 감성을 요구하는 학문 분야로 전환하고 있다. 공학의 이러한 이미지 전환은 분명히 남성 중심의 사회에서 점진적으로 여성 중심의 사회로 변화하고 있다는 징후이다.

오늘날에는 단순히 노동 절감을 위해 개발되었던 공학 산물들에 사용의 즐거움과 생활의 질을 높이는 인간적 측면이 필요해졌다. 단지 기능만을 위해 개발된 상품들에 높은 품질, 멋진 디자인, 다른 분야와의 협동 작업이 요구된다. 이러한 맥락에서 여성 공학인의 유연하고 섬세한 사고는 공학이 따뜻하다는 인식의 변화에 쉽게 부응할 수 있을 것이다.

공학은
나눔의 원리를
실천하는 학문이다

한 친구가 공학과 과학에 대하여 단순하지만 명쾌한 정의를 내린 적이 있다. 연구를 하면 과학, 개발을 하면 공학이라는 것이다. 자연과 인간을 대상으로 한 창의적 프로세스라는 점은 비슷하지만 목적은 상당히 다르다는 것이다. 거칠지만 나름대로 뼈대가 있는 설명이라고 생각한다. 과학은 주로 실험실과 연구실에서 이루어지지만, 공학은 거기에 덧붙여 현장을 고려해야 한다. 현장은 사람들이 만나는 곳이며 타인을 배려해야 하는 나눔의 생활공간이다.

공학적 개발 활동은 나눔의 충동에서 비롯된다. 인터넷을 기반으로 한 디지털 시대의 핵심적 화두는 참여와 공유이다. 더 많은 사람이 더 많은 것을 나눌수록 삶이 풍요로워진다는 단순한 명제를 재확인하는 시대이다. 개인의 지식을 서로 공유함으로써 더 큰 지식을 만들어내는 위키피디아 정신은, 전 세계인이 공유하는 고품질의 지식 체계를 온라인상에서 구축해가고 있다. 실시간으로 정보를 공유하고 소통하며 온라인 친구를 확장해가는 카카오톡, 트위터, 그리고 페이스북과 같은 소셜 네트워크 서비스는 감성적 글로벌 커뮤니티를 무한히 재생산하고 확장한다. 모두 공학인의 상상력에서 나온 걸작들이다.

나눔에 대한 공학인의 열정은 지식, 지혜, 기쁨, 슬픔, 두려움, 절망, 사랑, 연민 등과 같이 인간의 생존에 필요한 가치 있는 요소를 실시간으로 공유하게 한다. 화가, 시인, 건축가, 음악가도 자신의 경험과 작품을 통하여 타인과 감성적이고 정신적인 교감을 추구하며, 이를 통해 삶의 의미와 존재 양식을 풍부하게 한다. 공학인은 더욱 직접적이며 실용적인 환경을 제공함으로써 인간의 생활 패러다임을 근본적으로 변화시킨다. 공학은 태생적으로 나눔의 원리를 실천하는 학문인 것이다. 이어주고, 사랑하고, 생식하고, 아우르며 인간의 생존을 보살피는 운명적인 나눔에서 공학의 여성적 존재감을 확인할 수 있다.

여성 공학자의 존재란 바로 나눔의 고리를 이어주며, 확장하고, 확대 재생산하는 본연의 속성을 그 기반으로 한다. 공학은 여성이 가장 잘할 수 있는 학문 분야이다. 여성은 남을 이해하는 소통, 남을 배려하는 나눔, 번영하는 사랑의 속성을 갖고 태어나기 때문이다. 바로 공학의 본질처럼 말이다.

공학 연구의
중심에는
항상 소비자가 있다

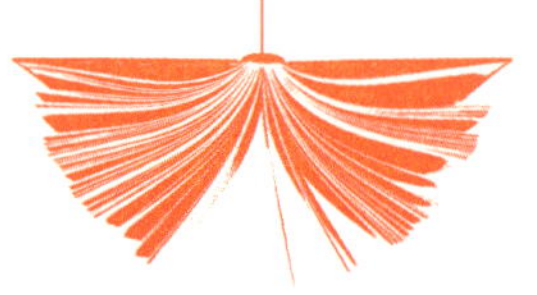

 공학의 산물은 소비자를 배려하여 만들어진다. 연구를 수행할 경우, 그 결과물의 혜택을 받을 사용자의 입장을 고려해야 한다는 말이다. 공학자란 연구 프로젝트 없이 존재할 수 없으므로 이 말은 생각해 볼 가치가 있다.

 연구 개발 업무를 수행하는 연구자의 입장은 신속하게 결과물을 내는 것이다. 그러니 시간에 쫓기고 연구 개발비에 쫓긴다. 연구원 간 팀워크 중 발생하는 크고 작은 문제에 시달리다보면 더욱 마음이 급해진다. 적기에 결과물을 내는 것은 무엇보다도 중요하다. 그러나 이러한 연구 프로젝트의 속성상 자칫 사용자의 요구 사항에 소홀해지는 실수를 범할 수 있다. 스티브 잡스의 꼼꼼함은 바로 사용자의 입장과 요구 사항을 만족시키기 위한 전략이었다. 그러한 과정에서 항상 개발자들과 의견 충돌이 있었으며, 그 어려움을 극복하게 해준 것은 다름 아닌 그의 카리스마였다. 그러한 카리스마가 없었다면 현재 애플의 위치를 확보할 수 없었을 것이다.

IT 분야는 어떤 분야보다도 이미 성숙해 있어, 진입 장벽이 그리 높지 않기 때문에 누구나 활용할 수 있다. 몇 년 정도의 프로젝트 수행 경험만 있으면 활용 수준을 상품화 수준으로 올릴 수 있다. 유사 기술이나 대안들도 널려 있어서, 아이디어만 있다면 기술적 조합은 무궁무진하다고 볼 수 있다. 문제는 어떻게 고객이 갖고 싶어 할 만한 서비스와 제품의 완성도를 확보하는가이며, 이것이 글로벌 시장에서 그 제품의 성패를 좌우한다. 애플의 아이폰을 보면, 터치스크린 기술을 제외하고는 디스플레이, 자이로스코프, 무선랜 등 이미 널려 있는 기술을 조합하였는데, 탁월한 제품 디자인과 편리한 사용자 인터페이스, 앱스토어 등 새로운 서비스와 제품의 완성도를 통해 하나의 생태계를 창조함으로써 엄청난 규모의 새로운 시장을 창출하고 있다.

공학자들이 간과하기 쉬운 인문학적 소양은 바로 이러한 소비자의 감성과 습관, 패션이나 감각의 흐름을 파악하는 데에 필요한 지식이다. 끊임없이 사람을 연구하는 일도 비껴가서는 안 된다. 기술이 변함에 따라 사용자도 변한다. 그에 따라 우리 공학자도 변해야 한다. 내가 일하는 분야가 어떻게 변화하고 있으며, 지속적으로 성장하기 위해서는 어느 분야에 집중해야 하는지 계속 추적하고 연구해야 한다. 그 중심에는 항상 소비자가 존재한다.

공학자란
어떤
사람인가?

공학자는 정직하고 성실하고 매사에 진지하며, 자신이 하는 일을 즐기는 사람이다. 공학자는 뚜렷한 목표 의식을 갖고 난관을 견디며 한 걸음씩 나아간다. 왜 그럴까?

애초부터 공학자라는 직업이 어떤 것인지 잘 알고 선택한 것은 아닐지도 모른다. 그저 수학과 과학 과목을 남보다 좋아했고, 위인전을 읽고 감동을 받았고, 경시대회에서 상위권에 입상하는 등 나름대로의 이유로 공학을 선택하게 된 현역 공학자가 많을 것이다. 그러한 경험으로부터 공학자는 자신이 무엇을 잘하는지, 그리고 무엇을 좋아하는지 알아가며, 자신의 꿈을 구체화할 수 있다. 따라서 공학자는 자신의 삶을 소홀히 여기지 않는다. 객관적이고 논리적인 과정을 한 발짝씩 경험하면서 지식을 누적해온 사람이므로, 정직하고, 성실하고, 진지한 삶을 영위한다.

공학자는 결코 황당한 일을 하지 않는다. 분수에 맞지 않는 신분 상승을 노리는 얄팍한 잔꾀도 부리지 않는다. 삶의 가치관이 견고하게 정립되어 있기 때문에, 유능한 인재를 파멸로 이끄는 불법적인 유혹에 빠지거나 함정의 덫에 걸리지 않는다. 이러한 공학자의 순수한 진지함이 우리 사회의 발전에 근간을 이루고 있다고 감히 말할 수 있다.

유능한
공학자가
되려면?

　　공학을 전공하려면 보통 수학, 과학, 영어 등 소위 도구과목의 실력을 향상해야 한다. 그러나 그것이 전부는 아니다. 공학인으로서 성공적인 삶을 살려면 체력, 정신력, 관찰력, 창의력, 의사소통 능력, 네트워크 능력 등을 체화하는 일이 꼭 필요하다. 체력과 정신력이 뒷받침되지 않으면 아무것도 이루지 못한다. 관찰력과 창의력이 좋아야 경쟁력이 생긴다.

　　어느 분야건 유능한 리더가 되려면 의사소통 능력과 네트워크 능력이 좋아야 하는데, 공학기술 분야도 예외가 아니다. 다양한 경험을 마다하지 않고 운동도 잘하고 잘 노는 학생이 이런 능력 개발에서는 더 유리하다. 잘 노는 것이 경쟁력이다. 그러나 기본기는 항상 갖추고 있어야 한다.

　　프레젠테이션 기술을 확보하라. 아는 것과 알리는 것은 차이가 있다. 그 부수 효과도 경우에 따라 천지차이다. 이 기술은 할수록 느는 경험기술이다. 이 기술은 그것 자체로 가치를 발휘하기도 한다. 철저한 자료 준비와 리허설로 연구 내용이나 발표 과정에서 변명의 여지나 실수가 없도록 하라. 아마도 그 대가는 기대 이상일 것이다.

외국어를 마스터하라. 외국어는 성공과 성장을 위한 필수 요소이다. 단시간 내에 얻을 수 있는 능력이 아니므로 지속적으로 시간을 투자해야 한다. 의외로 외국어를 잘하는 사람이 드물어서, 외국어 능력은 조직에서 인정받을 수 있는 가장 좋은 수단이다.

독서와 수면을 즐겨라. 언제 어디서나 충분히 잘 수 있으면 행복한 사람이다. 언제 어디서나 틈나는 대로 책을 읽을 수 있는 사람 또한 행복한 사람이고 잘 살아온 사람이다. 행복은 꿈을 꾸게 한다.

여성 공학인은
창조적인
개척자이다

공학 분야는 창조에 대한 심리적 보상이 크다. 강하고 쓸모 있으며 아름다운 것을 만들어 내는 것은 창조 중의 창조이며, 그 과정에서 공학자는 보람을 느낀다. 앞서 간 여성 공학인의 삶을 통하여, 과연 창조적인 삶이 무엇인지 살펴보자.

'할 수 있다'는 도전 정신이 있어야 한다. 여전히 사회는 남성 중심적으로 운용되고 있다. 따라서 주변을 둘러보아도 여성이 편안하게 접근하여 자신의 경력을 쌓아갈 수 있는 일은 제한되어 있는 것처럼 보인다. 더욱 넘기 힘든 장애물은 자신의 의식에 숨어있는 '할 수 없다'는 의식이다. 그래서 도전 정신이 필요하다. 무엇이든 시작은 해야 할 것 아닌가? 그리하여 선배들은 스스로 할 수 있는 분야를 찾아 나섰다. 자신이 할 수 있는 일이 무엇인지 확인하기 위하여 많은 사람과 상의하고 지도를 받았다. 남자라면 겪지 않을 수도 있는 컨설팅 과정이 통과의례처럼 다가왔다. 결국 자신이 할 수 있는 일, 남보다 더 잘 할 수 있는 일을 찾아내어 자신의 성장 동력으로 삼았다. 시행착오가 없지는 않았지만, 하고 있는 일에 대한 과정과 결과를 분석하고 평가하여, 다음 단계로 진입하는 데 사전 준비를 철저히 했다.

아울러, 그들은 여성을 둘러싼 벽을 허물기 시작했다. 새로운 환경에 적응하고 인간관계의 조화를 꾀하고, 자신의 학문적 발전을 위하여 전공 분야와 관련 분야의 융합을 유도하는 일에 전력을 다했다. 여성 공학자로서 험난하기는 했지만 아름답고 보람 있는 창조적인 길을 걸어왔다. 공학은 종합적인 체험이 가능하다. 이성과 감성, 이론과 실무, 역사와 미래, 공간과 시간, 인간과 자연, 기술과 미학이 교차한다. 감성적인 충족감도 크다. 창조하고 싶은, 무언가 만들어내고 싶은 인간 본연의 욕구를 충족할 수 있기 때문이다. 우리는 개척자 정신이라는 또 다른 창조의 요건을 만족시키고 있다.

특별하고
아름다운
소수가 되어라

대학 전공을 선택할 때 스스로에게 다음과 같은 질문을 던진다. 나는 지금 무엇이 제일 궁금한가? 꾸준히 흥미를 유지하면서 쌓아가고 싶은 지식은 무엇일까? 나에게 희열을 주었던 과목들은 어떤 것이었을까? 돈을 벌 수 있을까? 주위 사람들이 인정하는 전공은 무엇일까? 이러한 질문에 답을 찾아낸 후 진학을 결정한다. 대학원에서의 전공을 찾는다면, 좀 더 구체적인 질문을 던진다. 내가 전공한 것이 나를 더욱 빛나게 할 수 있을까? 이 세계와 나를 어떻게 연결할 수 있을까? 어떻게 특별하고 아름다운 소수가 될 수 있을까? 이러한 질문에 대해 다음과 같은 답이 있을 수 있다.

- ☐ 미래를 설계하는 가장 확실한 수단은 내가 좋아하는 학문에
  투신하는 것이다.
- ☐ 수학이나 과학에 흥미를 느끼는 것은 진리를 추구하는 학문에
  관심이 있어서다.
- ☐ 스스로 가치 있는 사람이 되기 위하여 공학을 선택한다.
- ☐ 결코 나만을 위한 것이 아니라 많은 사람을 위하여 공부한다.
- ☐ 창의적인 능력이 있으며 언제든지 자신을 변화시킬 수 있다.
- ☐ 용기와 유연성이 있으면 어려움을 극복할 수 있다.
- ☐ 학문의 기회가 주어지면 나는 결코 주저하지 않는다.
- ☐ 원하는 연구실에서 연구하기 위해 지도 교수와의 상담과
  그의 조언을 마다하지 않는다.
- ☐ 유학을 가기 위하여 배우자와 가족의 이해와 지원을 받는다.
- ☐ 부모님을 설득하여 학자금을 마련한다.

이러한 답변을 찾고 실현하기 위해 노력하면서, 자신의 영혼이 고양되고 현실적 가치도 상승되어 영롱한 보석처럼 빛나는 존재가 된다. 꼼꼼함과 섬세함, 인내와 추진력, 그리고 배려심이라는 아름다운 여성적 마인드를 지닌 특별하고 아름다운 소수가 되는 것이다.

창조형 미래 직업군은
이공계가
주도한다

여론 조사에 의하면, 젊은 학생들이 희망하는 최고의 직업은 요즈음 화두가 되고 있는 창조경제와는 직접적인 관계가 없는 판검사, 공무원, 의사, 변호사 등의 전문직과 교수, 교사, 공기업 직원 등이다. 우수 인재의 흐름을 바꾸지 않으면 창조경제는 큰 성과를 내기 어려워 보인다. 전문직보다는 과학기술 분야에, 고시보다는 벤처 창업에 더 좋은 인재가 몰려야 한다. 이를 위해서, 보수, 안정성, 명예와 같은 직업의 종합적인 보상 체계가 변하여, 창조 현장에서 일하는 사람들이 공무원, 전문직, 교수보다 더 많은 보상을 받을 수 있어야 한다. 천지창조를 빼고는 지금까지 세상 만물은 대부분 사람이 만든 것이다.

이공계를 기피하는 이유 중에는 미래가 불확실하고 제대로 대접받는 직업을 갖기 어렵다는 인식이 있기 때문이다. 그런데 성공적으로 활약하고 있는 과학기술인의 경우를 보면, 미래가 불확실하기 때문에 오히려 더 무한한 가능성이 있다는 생각이 든다. 우리는 앞으로 어떤 분야, 어떤 직업이 더 전망이 밝을지 예측하는 일 자체가 무의미해지는 시대에 살고 있다. 앞으로는 공학 지식이 모든 직업의 핵심적인 요소가 될 것이다. 공학을 전공한 사람들이 산업계는 물론이고 법조계, 경제계, 금융계 등에도 점차 역할을 확대해나갈 것이다.

예를 들어, 과거에 법조계가 법률적 지식으로만 서비스를 제공했다면, 이제는 기업체의 기술 자체를 이해하지 않고는 제대로 된 법률 서비스를 제공할 수 없는 시대가 될 것이다. 또한 금융계의 최신 상품들이 수학, 통계 등에 기반을 둔 금융공학 제품들로 대체되고 있다는 것은 이미 잘 알려진 사실이다.

불확실한 미래를 두려워하지 말고 자기가 열정을 발휘할 수 있는 분야에 도전하라고 학생들에게 권하고 싶다. 자기가 좋아하고 즐기며 매니아적 열정을 가진 일이 직업과 연결되는 사회로 변하고 있다. 소위 지식을 창조하지 못하는 직업은 급속히 도태될 것이다. 기술적인 측면에서 이제 지식 중개인들에게는 미래가 없다. 이공계만이 이러한 범주를 넘어서는 창조형 미래 직업군을 탄생시킬 수 있는 분야이다. 시야를 넓게 멀리 가져야 한다. 미래에는 이공계 전공자에게 더 많은 기회가 있다는 것을 먼저 이 길을 걸어간 선배들이 이야기하고 있다.

생명 분야가
주목받고
있다

전공 및 진로 선택에 고민을 하고 있다면 생명공학 분야를 주목하라. 웰빙과 힐링을 추구하는 가치관이 퍼져나가며 관련 산업이 급속도로 발전하고 있다. 예를 들어 유비쿼터스 라이프 케어 시스템을 비롯하여 생명공학기술, 나노기술, 정보통신기술과 융합된 분야가 차세대 핵심 기술로 각광받고 있다.

언제 어디서나 편리한 방법으로 건강 상태를 체크하고 관리하는 예방의학은 건강보험과 국민연금의 기금 고갈과 맞물리며 국가적인 정책으로 부상하고 있다. 생체 정보 감지 기술, 모니터링 기술, 분석 기술, 피드백 기술 등 수없이 많은 하드웨어와 소프트웨어 기술이 요구된다. 많은 국책연구기관에서는 나노, 광학, 반도체 등에 IT 기술을 접목하여 나노 바이오 센서나 바이오포토닉 센서 등 혈액 속 질병과 관련된 단백질을 감지할 수 있는 고감도 센서 칩을 연구, 개발하고 있다.

지금까지의 원격진료에서는 주로 혈압, 맥박, 체온 등 기본적인 생체 신호만을 대상으로 서비스가 이루어졌지만 향후에는 만성 질환, 비만의 전문적인 질병 관리가 상시 이루어지는 것을 목표로 하고 있다. 이를 위해 기본적인 생체 신호 외에도 걸음걸이, 체지방, 호흡 수 등 수십 가지의 생체 신호를 감지하여 신호를 분석, 처리하는 고난도의 센서 및 컴퓨팅 기술이 요구된다. 이를 위해 바이오 셔츠가 개발되어 이러한 기능을 수행할 것으로 예상하고 있다.

헬스 케어는 이제 질병 발생 후 치료보다는 질병 예방과 장수, 체력 증진 등 능동적인 개념을 포함하고 있다. 건강에 대한 관심이 고조하고 노령인구가 폭발적으로 증가하고 있으며 암, 당뇨, 고혈압 등의 만성 질환자가 증가함에 따라 능동적이고 예방적인 헬스 케어의 필요성이 절실해졌다. 이러한 헬스 케어의 기반이 되는 기술로는 대상자의 행위 정보인데, 행위 추적 기반의 건강과 생활 관리 기술에 대한 연구가 활발하게 진행되고 있다. 다양한 생체 정보 분석 기술은 생명과학 연구자들에게는 핵심 기술이다. 신체 신호를 처리할 수 있는 원천 알고리즘을 개발하여 중요한 정보를 의사에게 제공하는 기술도 중요하다. 이러한 알고리즘은 고부가가치의 소프트웨어 기술로서 국가 성장 동력의 하나로 자리매김할 것이다.

공직에 진출할 수 있는 길은 넓다

평생 공학인으로 살아가는 것은 가능하지만, 가치 있는 연구 결과를 계속 낼 수 있는 연령에는 어느 정도 한계가 있다. 세상은 변하고 그에 따라 우리도 변하지만, 과학과 공학의 변화 속도를 따라 잡기에는 너무나 버겁기 때문이다.

현재 우리나라에서 이공계 출신의 여성 공무원 진출은 아직 저조한 편이다. 이 분야에서는 새로운 영역을 개척한다는 도전 정신이 요구된다. 박근혜 정부가 여성의 사회 활동을 지원하는 정책적인 배려를 구체화하고는 있지만, 무엇보다도 이공계 여성 전문가의 공직에 대한 이해와 적극적인 참여가 아쉽다. 우수한 학생들이 법대, 상대, 의대로만 몰리고 있고, 사회적으로 이공계 기피 현상이 만연하다. 이러한 현상은 10년 이내에 우리나라 경제에 심각한 타격을 줄 것으로 보인다. 정부에서도 이러한 문제의 심각성을 인식하고 이공계 출신 기술직을 확대해가고 있다.

중국의 경우, 당 핵심 기관인 정치국원의 80퍼센트가 이공계 졸업생이거나 기술 관료 출신일 뿐 아니라, 최고 권력 기관인 정치국 상무위원 7명 전원이 이공계 출신이다. 21세기 지식 기반 사회에서는 국가 정책 수립 및 시행 과정에서 과학기술을 이해하고 과학 마인드를 지닌 기술 관료의 참여가 필수적이다. 이공계 관료는 정책 수립 및 시행 과정에서 보다 합리적이다. 실험 데이터를 분석하듯이 그대로의 현상을 직시하고 분석하여, 그에 따른 합리적 처방을 내는 것이 이공계의 속성이기 때문이다. 사실에 근거한 합리적인 판단과 정확한 예측은 정책 수립에서도 중요한 요소이다. 이공계 출신이 정부의 바람직한 행정 문화와 정책에 기여할 수 있다. 관료주의의 개선과 정정당당한 업무 수행을 통해 보다 투명하고 효율적인 행정부를 만드는 데에 이공계의 단순 명료한 일처리 방식은 도움이 될 것이다.

모든 정부 조직에서 이공계 분야의 부서가 없을 수 없으며, 특정 부서는 전적으로 이공계로 특화된 업무만을 수행한다. 미래창조과학부를 비롯하여 특허청, 산업통상자원부 등 이공계 출신 엔지니어가 근무해야 할 부서가 널려 있다. 민간 기업에서도 경영학 출신의 CEO에서 엔지니어 출신의 CEO로 바뀌는 추세에 있다. 이러한 시대적 변화에 따라 국가의 비전을 제시하고 이를 선도하는 역할에 이공계 출신이 필요하므로, 이들이 공직에 진출할 수 있는 길은 넓다.

자기관리

자신이 설정한 계획을 백 퍼센트 다 실천하는 것은
매우 어려운 일이며, 완벽하게 해낼 수 있는 사람도 거의 없다.
계획대로 되지 않더라도 다시 계획을 세우고,
전보다 조금 더 실천할 수 있도록 꾸준히 반복하는 것이 중요하다.

자기관리 능력이
뛰어나야
리더가 될 수 있다

유승희 국회의원이 쓴 『딸에게 들려주는 리더십 이야기』라는 책에는 대만의 민주화와 여성 운동을 상징하는 인물로 대만 최초의 여성 부총통을 지낸 뤼슈롄呂秀蓮이 등장한다. 1944년 평범한 농부의 딸로 태어난 뤼슈롄은 하버드 대학 박사과정 중에 입법위원으로 정치 행보를 시작한다. 그러나 30여 년간 민주화와 여권 신장 운동을 해오면서 구금과 투옥 생활을 겪어야 했다. 이러한 정치 운동가가 보여주는 고난의 행보는 그 자체로 존경스럽고 경이롭지만, 우리에게 깊은 감동을 주는 그녀의 모습은 또 다른 곳에서 나타난다. 그녀는 1979년 세계 인권선언일을 기념하는 집회에서 시위대와 경찰이 충돌한 소위 '메이리다오 사건'으로 5년간 복역하게 되는데, 복역 기간 중에 뜨개질로 만든 작품으로 출소 후 자선 행사를 열어 사람들에게 감동을 준다. 또한 살벌한 사상 검열의 압박을 이겨내고 역사와 철학 등 많은 분야에서 독서를 게을리하지 않은 결과, 휴지를 활용하여 두 권의 옥중 소설을 완성하기도 한다. 그리고 마침내 2000년 대만의 제10대 부총통으로 당선되어 정치적 리더로서의 입지를 확립한다.

이 책에서는 뤼슈렌의 리더십 5계명을 다음과 같이 정리하고 있다. 전문적인 지식을 갖추고, 열정과 헌신을 유지하고, 여성의 능력을 국가경쟁력으로 활용하며, 원칙에 충실하고, 불안정을 안정으로 전환한다. 한마디로 자기관리 능력이 뛰어난 사람이 리더가 될 수 있다는 말이다.

우리 여성 공학인은 여자라는 이유로 남자 형제보다 대학 진학에서 밀리기도 했고, 공대 입학식부터 홍일점으로 남다른 시선을 받았으며, 학과 MT에 갈 때 납득할 수 없는 이유로 제지받기도 했다. 직장에서는 직무 외의 잡다한 일을 감당하기도 했고, 결혼하고 출산을 하면 퇴출당하기 일쑤였다. 학부모가 되면 자기 자신보다 자녀에게 모든 정성을 다하는 것이 당연시되었다. 자기 자신을 상실하고, 경력은 끊어지고, 끊임없이 봉사해야 하는 입장에 내몰렸다. 그럼에도 그들 중에는 자기관리를 게을리하지 않은 선배들이 있었다. 항상 준비하고 기회를 잡아 앞으로 나아갔으며, 시간을 쪼개 쓰고, 항상 깨어있었다. 여성에게 불리한 상황이 지금은 차츰 개선되어가고 있지만, 그럴수록 더욱 자기관리에 매진해야 한다. 언제라도 여성의 입지는 허물어질 수 있기 때문이다.

목표 달성을 위해서는
계획을 세워
시간을 잘 관리하라

미국의 임상심리학자 게리 콜린스[Gary R. Collins]는 자신의 저서에서 '인간은 현재 세계와 가능성 있는 세계를 동시에 본다'라고 기술했다. 이 말은 목표를 세우고, 그 목표를 달성하기 위하여 시간을 잘 관리하라는 뜻으로 이해할 수도 있다. 관리하는 것은 연습하는 것과 비슷한 면이 있다. 시간을 관리하는 것은 곧 목표를 달성하기 위한 연습 과정이라고 할 수 있다. 이 연습이 바로 계획을 세우는 일이다. 무슨 일을 하던 계획표를 만드는 습관을 들이면, 잘 지켜지지 않았다고 해도 시간을 관리해왔다는 성과가 남아있다. 시간은 달리는 말과 같아서 고삐를 잡은 사람에게만 복종한다. 계획 세우는 일을 반복하는 과정에서 잠재력을 발견하고, 일정은 더욱 정교해진다. 따라서 실현 가능성이 높아지게 되어 있다.

어떤 일을 추진하고 그 결과에 보람을 느끼는 경우는, 대부분

계획을 세우고 그 계획대로 수행한 후 원하는 결과를 얻어냈을 때이다. 목표를 세우지 않고는 한시도 존재할 수 없는 것이 우리 인간이다. 이러한 목표를 달성하기 위해서는 가장 소중한 자원인 시간을 관리할 수밖에 없다. 이때에는 자신의 성격과 능력에 따라 목표를 세우고 시간을 배분한다. 이 일은 너무나 중요하기 때문에 지속적인 연습이 필요하고 나름대로의 노하우를 키워야 하며, 선택이 아닌 생활의 일부가 되어야 한다. 아마도 당장은 그 효과를 짐작하지 못하겠지만, 먼 훗날 자신의 삶을 되돌아보면, 현재까지 걸어온 자신의 궤적이 흩어지지 않고 얼마나 가지런하게 이어져왔는지 실감할 수 있을 것이다. 후회하지 않는 삶이란, 바로 시간을 낭비하지 않았다고 자신할 수 있는 삶이기 때문이다.

자신이 설정한 계획을 백 퍼센트 다 실천하는 것은 매우 어려운 일이며, 완벽하게 해낼 수 있는 사람도 거의 없다. 그러므로 계획대로 되지 않더라도 다시 계획을 세우고, 전보다 조금 더 실천할 수 있도록 꾸준히 반복하는 것이 중요하다. 꿈꾸었던 일을 위해 구체적으로 계획을 세우고, 그것에 관심과 에너지를 효율적으로 집중하는 사람은 언젠가 그 꿈을 이루게 된다.

기본을
잊지 않는 것이
성공 비법이다

누구나 알고 있는 상식은 무조건 지켜야 한다. 수많은 사람들의 성공담과 성공 조건은 누구나 동의하는 내용이며, 그것이 성공을 위한 황금률이라는 것도 잘 알고 있다. 하지만 이를 지키기는 쉽지 않은데, 따라서 더욱 노력하며 실천해야 한다. 상식적이며 진부해 보이는 경구라도 사실 곱씹어보면 새로운 의미를 깨닫게 하고 동기를 부여해준다. 이러한 경구들을 하루에 여러 번 읽어보는 습관을 들여도 좋다. 그러다보면 어느덧 자신의 성공 비법으로 탈바꿈할 수 있다. 예를 들면, 다음과 같은 것들이다.

열정을 가지고 무한한 세계, 열린 세계, 넓은 세계와 교감하라. 새로운 것을 두려워하지 말고, 새로움을 창조하여 변화시키며 앞으로 나아갈 수 있는 역동적인 삶의 주인공이 되어라. 책을 많이 읽어라. 전공 이외의 도서도 섭렵함으로써, 좀 더 깊고 넓은 세상을 접할 수 있는 기회를 가져라. 건강을 위해 돈, 시간, 노력을 투자하라. 휴일에는 가족과 함께 운동하라. 문화생활을 소홀히 하지 말라. 치열하고 바쁜 삶 속에서 마음의 여유와 겸손함을 키워라. 종교생활을 통해 사랑을 실천하라.

성공한 선배들이 충고하는 말은 정직하고 성실하라는 것이다. 어떤 조건이 갖추어지더라도 매사에 정직하지 않고 일에 성실하지 않으면 성공할 수 없다. 공학 분야는 연구 기금 수주와 프로젝트 신청 평가, 그리고 산업체와의 협력이 깊이 연관되어 있어, 연구비와 연구원 관리에 있어 공정성과 엄격함을 준수해야 한다. 연구 기금, 과제 신청 평가, 설계, 인허가 등 행정적 절차를 통과해야 하는 피곤한 일들이 많아 쉽게 포기하려는 유혹에 빠질 수도 있다. 프로젝트가 일정대로 추진되지 않으면 남의 결과물을 도용하고자 하는 잘못된 생각에 빠질 수도 있다. 투입한 시간이나 노력에 비하여 연구 결과가 보잘것없고 경제적 보상이 적을 때면, 마음이 흔들리고 비합법적인 방법을 동원하여 부족한 연구 성과와 보상을 메우고자 하는 비리에 빠질 수도 있다. 공학자는 의외로 단순하고 법리적 이해에 밝지 못하기 때문에, 주어진 과제의 성공을 위해 자신의 처신을 올곧게 하지 않으면 일순간 곤경에 빠질 여지가 많다. 그러나 성공의 비밀은 기본을 지키는 데에 있다는 것을 잊지 말아야 한다.

재능은
꾸준히 관리하고
가꾼 후에 나타난다

재능이란 타고나는 것으로 알려져 있다. 그러나 자신의 재능이 어떻게 발현되었는지 그 과정을 되돌아보라. 결코 하늘에서 뚝 떨어진 것이 아니었다는 사실을 알아낼 수 있다. 조그만 가능성의 싹을 꾸준히 관리하고 가꾼 후에야 자신의 재능으로 인정받았을 것이다. '한 우물을 파라'라는 말은 바로 이러한 끈기의 중요성을 강조한 경구에 지나지 않는다. 구르는 돌에는 결코 이끼가 끼지 않는다.

재능이 남들보다 어느 분야를 더 잘하는 능력만은 아니다. 학창 시절, 같은 내용도 남들보다 더 빨리 이해하고, 같은 시간을 들여도 더 많은 결과를 냈던 능력을 우리는 재능으로 여길 수 있다. 그러나 자신의 관심 분야에 지속적인 호기심을 가지고 끈기 있게 더 고민하고, 직접 해보고, 개선하고, 다른 대안을 생각하고, 쉽게 싫증 내지 않으며 좌절의 슬럼프에서도 다시 불을 지펴 오랫동안 달구는 능력이 진정한 재능이라고 할 수 있다. 성급하지 말아야 한다는 뜻이다. 성급하면 일을 망치게 된다. 품질이 떨어지는 빈약한 내용으로는 남에게 감동을 줄 수 없다. 재능이란 성실한 품성과 꾸준한 습관에서 비롯된다.

제조업에서는 예산의 25퍼센트를 과다 재고와 수리 비용으로 지출한다고 한다. 애초부터 시간과 에너지를 투자하여 좀 더 완벽한 제품을 만들었다면 줄일 수 있었던 비용이다. 비용 절감은 물론 품질 향상을 위하여 노력하는 과정에서 고품질의 상품을 효율적으로 제작하는 노하우를 발견하고 자신의 자산으로 축적할 수 있다. 명품이란 재능 있는 장인이 장시간에 걸쳐 꼼꼼히 만들어낸 상품을 말한다. 소비자는 그런 명품에 많은 돈을 기꺼이 지불한다. 재능이 묻어 있는 결과물은 오랜 세월에 걸친 인내의 산물이므로 가치가 있다. 성급함이란 나태와 불성실한 태도에서 비롯되어 자신의 재능을 퇴색시키고 성장을 방해한다.

많은 여성 리더의 이야기를 들어보면 자신의 재능을 발현하기까지 많은 시간을 투여했다는 것을 알 수 있다. 그들은 실패와 좌절을 참아냈고, 자신의 결점을 되돌아보고 수없이 수정하고 보완했으며, 오던 길을 되돌아가기도 하고 멀리 돌아가기도 했다. 그러한 조심성, 근면함과 인내력으로 자신의 재능을 찾아내 키워간 것이다. 결국 자신과의 싸움에서 승리해야 리더가 된다.

삶을 파괴하는
나태와 불량의 흐름을
알아야 한다

완전한 순간은 없으며 완벽한 기회도 없다. 한 순간의 용기, 모험심, 결단력이 새로운 변화, 새로운 기회의 주인공을 만든다. 무한한 가치를 지닌 대상은 존재하지 않는다. 자신의 생존을 위한 전략은 바로 평형을 찾아내는 지혜이다. 누구나 자기만의 생존 전략을 구사하고 있으며, 결국 승자란 상대방을 이기는 자가 아니라 생존의 평형 속에 들어가 살아남는 자이다. 일반적으로 누구를 이기는 일은 생존에 큰 도움이 되지 않는다. 오히려 패배한 자들의 전략이 우리의 생존을 위협하는 경우가 많다. 이러한 게임의 법칙에서 파생되는 전략은 결국 평형에 이르게 된다. 모두가 어느 정도 만족하는 정도에서 자연스럽게 타협한다는 말이다.

주의해야 할 점은 하향 추세를 보이는 시점을 알아채는 일이다. 우리는 가능한 한 이러한 흐름을 막아야 한다. 이 흐름의 증세는 다음과 같은 것들이다. 지적인 노력을 중단하는 게으름이 몰려든다. 어느 순간 전공 서적이나 학술지를 멀리하고 있는 자신을 발견한다. 독서는 하는데 참을성이 없어지고 제목만 읽고 덮어버린다. 새로운 이론이나 개발 사례에 관심을 갖고 자신의 일과 연관 짓는 일을 소홀히 하게 된다. 지속적으로 머릿속에서 맴돌던 업무와 연구 주제가 홀연히 사라져버린다. 이를 깨닫고 허겁지겁 되돌아오지만 과거만큼 큰 의미가 없는 것 같고 동기부여가 되지 않는다. 건강에 신경 쓰지 않게 된다. 규칙적으로 가던 피트니스 센터나 골프 연습장 혹은 등산 모임에 가기가 싫어진다. 이 핑계 저 핑계를 대며 웰빙 음식보다는 자극적이고 기름진 음식을 찾는다. 점점 탐욕스러워지고 사소한 이권에 개입할 여지가 있는 환경에 들어가기도 한다. 종교 활동 중에도 진리보다는 실용적 모임에 집중한다. 은퇴 후의 여유 있는 생활 준비에 생각과 시간을 많이 할애하고 삶의 진정한 목표를 업데이트하는 일에 관심이 없어진다. 죽음에 대해 깊이 고민하는 버릇이 생기고 자식들에게 남겨 줄 유산을 관리하는 데에 불법적인 방법도 동원하고자 한다.

이러한 나태함과 불량함은 사실 자신의 존재에 대한 근원적인 의문과 의혹에 대한 대안일지도 모른다. 그러나 이는 쓸모없는 대안임에 틀림없다. 완벽한 삶은 없으며 주어진 기회의 약발도 시간이 지나면 떨어진다. 자신의 삶과 연관된 소재에 지속적으로 집중하기를 멈추면 안 된다.

이타성에
비중을 두고
자기 평가를 해보자

여러분은 자신을 정기적으로 평가하고 있는가? 하고 있다면 평가 기준은 무엇인가? 우리는 타인을 평가하는 데 익숙하지만 자신을 평가하는 일에는 인색하기 짝이 없다. 새해가 되면 일 년치 계획을 세우고 실행하지만, 연말이 되어 지나간 일 년을 되돌아보면 최선을 다하지 못했다는 아쉬움이 항상 남는다. 이러한 일이 죽을 때까지 누적된다고 생각해보라. 인생에서 자신의 삶을 실속 있게 영위하는 일은 무엇보다 중요하며, 그 과정에서 시기별, 단계별로 자신을 평가하고, 그에 따른 새로운 계획을 수정 보완하는 일은 그중에서도 더욱 강조하고 싶은 부분이다.

그러면 어떻게 평가할 것인가? 돈을 많이 벌었는가, 원하는 직위에 올랐는가, 기대한 성적을 받았는가 등 자본주의적이고 자기중심적인 가치 평가 항목이 떠오를 것이다. 사실 이러한 평가 항목은 현대인이 결코 무시할 수 없는 가치이기 때문에 결코 무시할 수 없다.

그러나 그 성과를 더욱 가치 있게 만드는 새로운 방식이 있다. 즉, 남을 위한 서비스에 자신의 목표를 설정해보는 것이다. 내가 남을 위해 얼마나 노력해야 목표를 달성할 수 있는가를 생각해보라. 좀 더 구체적으로 말하자면, 나의 서비스를 필요로 하는 대상과의 소통 횟수와 그들에게 충족시킨 만족감 여부를 평가 항목으로 설정해 두면, 의외로 자신에 대한 삶의 만족도가 높아지고, 생활의 에너지가 높아진다.

이러한 평가 방식을 직장뿐만 아니라 일상에까지 자연스럽게 확대 적용할 수 있다. 성과 위주의 평가 방식도 중요하지만, 그 성과를 어떻게 이루어냈는가를 관찰하고 분석할 수 있는 과정상의 지표를 추출하여 측정하고 평가해보자. 그러면 성과 자체도 높일 뿐만 아니라, 그 과정에서 일어나는 수많은 상호작용의 가치에 대한 가중치가 높아지고, 좀 더 이타적이고 신뢰성 있는 객관적 평가를 얻어낼 수 있다. 모든 평가 과정에는 피드백이 필요한데, 자신의 배우자를 비롯하여 의사소통이 자유로운 주변의 인적 자원을 활용하는 시도도 해볼 만하다.

시련과
저항에
대비하라

우리 여성은 불공정, 결핍, 그리고 고정관념 등 외부의 불합리한 시련에 대항해오고 있다. 여기에 게으름, 자포자기 혹은 오만함 등에서 비롯되는 내부의 저항에도 맞서야 한다. 진지하게 삶을 영위하는 사람이라면, 이러한 저항에서 자유로울 수 없다. 우리는 스스로 길을 선택해왔다. 당장 힘들다고 이러한 저항을 피해가거나 비겁하게 타협할 수는 없는 노릇이다. 하늘은 내가 이겨낼 수 있는 만큼의 시련만 준다고 한다. 앞서 간 선배들도 아무리 어렵고 힘든 시련이 닥쳐와도 이겨낼 능력이 있다는 사실을 매 순간 확인했을 것이다. 그 시련에서 더 빨리 그리고 더 쉽게 벗어나기 위한 전략은 바로 그 시련을 대비하는 것이며, 대항하며 즐기는 것이다. 우리의 길을 막아서는 수많은 저항은 사실 유익한 것이다. 우리를 고양하고, 더욱 강하게 만들며 변화를 일으킨다.

자신의 분야에서 성공했으며, 암 투병까지 이겨낸 한 선배는 이렇게 말한다. "나는 단 한 번 이 세상을 살다 지나간다. 그렇기 때문에 내가 할 수 있는 일은 지금 해야만 한다. 미루거나 게을리할 수 없다. 다시 이 길을 지나갈 수는 없기 때문이다."

그렇다. 끝이 잘 보이지는 않지만 가야 하는 오롯한 길이 우리 앞에 나 있다. 장애물이 나타났다고 해서 그 길을 포기할 수 없다. 때론 우리에게 조롱과 비난이 쏟아진다. 높은 지위에 오를수록, 업적이 쌓일수록 칭찬보다는 부정적인 비난이 더 강하게 쏟아진다. 나이가 들수록 더 빨리 지치고 정신력은 약해지고 기억력도 쇠퇴한다. 주위의 동료나 지인은 나로부터 손쉽게 이윤을 얻어내고자 덤벼든다. 내 안에서는 부정, 부패, 불법에 대한 유혹이 스멀거린다. 이러한 저항에 대항하기 위하여, 보복과 복수심으로 대응하기도 한다. 가끔은 그러한 저항에 굴복하여 자신이 속한 조직에서 벗어나고 싶은 유혹도 느낀다.

그러나 저항과 시련은 하늘의 섭리이기 때문에 피해갈 수 없는 필연적인 것이다. 101가지 도움말은 이러한 저항에 대비하기 위한 전략을 소개하고 있다.

철저한 준비는
어떤 상황에서도
기회를 불러온다

'유비무환'보다 훌륭한 진리를 찾아보기는 힘든 듯하다. 상대의 도발에 대비하여 최상의 상태를 준비하고, 평상시 실전을 방불케 하는 교육과 훈련을 하는 것은 군인뿐만 아니라 모든 사람에게 적용할 수 있다.

여성으로서 사회생활을 하기 위해 공통적으로 겪어야 하는 몇 가지 문제들이 있다. 우선 경제적인 문제다. 넉넉한 집안에서 태어나 돈 걱정 없이 공부할 수 있는 운 좋은 사람은 그리 많지 않았다. 대부분은 힘겹게 대학 생활을 보냈다. 출생률이 낮은 요즘과는 달리 형제자매가 많았던 그 시절에는, 남동생이나 오빠에게 대도시로 유학 가는 기회를 양보하는 경우가 많았다. 경제적인 지원에서 항상 남자보다 불리한 처우를 감내해야 했다.

다음으로는, 여성에 대한 특별한 요구 사항이 많았다는 점이다.

남성 중심 사회에서 여성이 능력을 발휘하기에는 사회문화적 편견이 심해 여성은 보조적인 역할에 머무르기를 강요당했다. 의도적으로 잡일이 주어지기도 했고, 자신이 하고 싶은 일이 남성만이 할 수 있는 영역으로 제한되기도 했다. 이처럼 부당하게 이익을 탈취당하는 불공정한 경쟁에서 여성은 남다른 노력을 할 수밖에 없었다. 이러한 불합리가 유발하는 가장 심각한 문제는 생존에 필요한 자원에 접근하는 데 제한을 받는다는 점이다. 사회적인 역할이 줄어드는 것은 물론, 자신의 정체성을 확보하는 일도 쉽지 않았다.

위와 같은 문제를 비단 옛날 일로만 치부할 수 없다. 여전히 어느 정도는 현재 진행형이다. 준비되지 않은 사람에게는 이러한 어려움이 항시 닥칠 수 있다. 목표를 이루기 위해서는 완벽한 준비가 필요하다. 준비가 되어 있지 않다면, 기회가 주어졌을 때 그것이 기회인지 알아보지 못할 것이고, 가야 할 길에 대한 두려움만이 자신을 사로잡을 것이다. 준비하면 그 어떤 상황도 기회로 만들 수 있을 뿐 아니라, 그것을 성취하는 과정이 조금도 두렵지 않을 것이다.

성차별로 인한
부정적인 고정관념에서
벗어나라

육체적으로만 구분한다면 분명 남녀 간 차이는 있다. 그러나 일을 해나가는 데 남녀 간에 본질적인 차이는 없다. 다만 일에 대한 개인의 태도 차이가 있을 뿐이다. 이 차이는 생존을 놓고 벌이는 치열한 싸움에서 승패를 좌우한다.

사회에서 실질적인 업무 능력을 크게 좌우하는 것은 적극적인 자세와 긍정적인 태도이다. 성별에 따른 본질적인 차이는 없다. 오히려 여성 비율이 상대적으로 낮은 과학기술 분야에서는 조금만 더 노력하면 여성 공학인으로서 쉽게 주목 받을 수 있다. 모든 일을 긍정적으로 생각하면 된다.

여자로서 공과 대학에 입학하면, 아뿔싸! 백여 명 정원에 여학생은 달랑 서너 명. 더욱이 여자중학교와 여자고등학교를 졸업했다면, 남자의 세계는 이전과는 달라도 너무 다르게 다가오기 마련이다.

그러나 남자 친구들과 어울려 강의를 듣고 학과 활동과 동아리 활동을 하다보면, 그러한 차이는 겉보기에 불과하다는 것을 오래지 않아 느낄 것이다.

엄청난 양의 과제와 시험에 시달려도, 적극적으로 활동하고 인간관계의 폭을 넓히며 대학 생활을 하다보면, 어느덧 자신의 전공이 견고해지고 취업이나 대학원 입학에서도 선두주자가 될 것이다. 깊이 있는 연구를 하고 싶은 열정은 자연스레 대학원 진학과 연결되고, 관심 있는 분야의 연구실에 지원하여 자리를 잡고 연구에 몰두하면 박사학위에 이르는 대로가 펼쳐진다. 그러면 남녀 차이라는 편견은 머릿속에서 흔적도 없이 사라진다. 그러니 미래를 설계할 때 성차별로 비롯되는 온갖 부정적인 고정관념은 털어버리기 바란다.

현명한 사람은
모든 것을
내부에서 찾는다

남성 위주의 권위주의 사회에서 만들어진 기존의 규약이나 체계는 여성에게 적합하지 않다. 비록 그 흔적이 아직 곳곳에 남아있지만 현명한 여성은 실력으로 인정받고자 한다. 공자님 말씀처럼, 현명한 사람은 모든 것을 내부에서 찾고, 어리석은 사람은 모든 것을 타인에게서 찾기 때문이다.

취직 면접 시, 저 사람은 남성이라 혜택을 보아 합격했고 자신은 여성이라 차별을 받아 낙방했다고 생각한다면 그것은 모든 것을 타인에게 찾는 어리석은 사람이다. 마음을 다잡고 실력으로 인정받아야겠다고 생각하라. 해결책은 자신의 내부에 있다. 현명한 사람은 자신의 실수를 생각하고 그것을 고치기 위해 노력한다. 하지만 어리석은 사람은 비난할 누군가를 찾으려고 노력한다. 실패의 순간 자신을 돌아보느냐 안 돌아보느냐의 차이에서 다른 사람과 실력 차이가 생겨나게 된다. 결국 인정받는 사람은 모든 것을 자신의 내부에서 찾는 현명한 사람이다. 자신을 먼저 돌아볼 줄 아는 소양, 그리고 남을 탓하기 전에 먼저 나를 다스리는 마음이 필요하다.

각자의 분야에서 성공한 사람들을 보면, 묵묵히 자신을 돌아보며 실력을 쌓아 결국 남들로부터 인정을 받았다. 경쟁 속에서 살아남기 위해서는 남들보다 나은 자신만의 실력을 함양하라. 정직과 성실로 쌓아놓은 실력만큼 자신을 돕는 것은 없다. 내가 좋아해서 한다는 사실 하나만을 나침반으로 삼아 먼 길을 뚜벅뚜벅 걸어가면, 열매가 열리고 정당하게 평가받고 인정받을 수 있다.

세상은
모범생보다
모험생을 원한다

　　모범생과 모험생 중 여러분은 어느 쪽에 가까운 사람인가? 여러 산을 넘어 돌고 돌아 나의 길을 찾아나서는 인간형이 바로 모험생이다. 애플의 스티브 잡스, 유튜브의 스티브 첸, 페이스북을 만든 마크 주커버그와 같이 실리콘밸리의 기적을 보여준 사람들이 모험생이다. 세상은 모범생이라는 틀에 갇혀 타고난 재능을 썩히기보다 새롭고 즐겁고 창조적인 삶을 살 수 있는 모험생을 원하고 있다.

　　김영세 이노디자인 대표는 모험생의 특징을 다음과 같이 여섯 가지로 꼽고 있다.

□ 자신이 즐기는 일을 한다.

□ 남을 즐겁게 한다.

□ 어린아이처럼 생각한다.

□ 남들과 잘 어울린다.

□ 자신의 삶을 산다.

□ 자신의 브랜드를 갖고 있다.

이를 정리하면, 모험생은 창조적인 삶을 살고 있다는 말이다. 자신이 즐기는 일을 하면 주인 의식이 생기고, 주인 의식이 있으면 열정적으로 일하게 되고 새로운 일을 발굴하고 자신의 재능을 마음껏 펼치게 되므로 자신만의 브랜드가 만들어진다.

무조건 열심히 일해야 자신의 능력을 증명할 수 있던 시대는 이제 물러가고 있다. 순간에 얻어지는 창조적인 아이디어가 엄청난 가치를 만들어낼 수 있는 소위 '퍼플피플'이 되어야 한다. 김영세 대표가 말하는 '퍼플피플'은 자기 인생의 주인공으로서, 열정을 쏟을 수 있는 일을 만들고, 일과 삶의 균형을 추구해 자유를 만끽할 줄 아는 사람을 뜻한다. 단순히 돈을 벌기 위한 것이 아니라 '나'를 찾고 싶은 자아실현 욕구는 변치 않는 현대인의 숙제이다.

체력 관리를
소홀히 하면
능력을 발휘할 수 없다

높은 시청률을 기록했던 드라마 〈직장의 신〉을 기억하는가? 주인공인 '미스 김'은 커리어 우먼이다. 극중 미스 김은 영어, 일어, 러시아어 등 외국어에 능란하고 각종 자격증을 갖고 있다. 또한 다양한 스포츠를 할 줄 아는 다재다능한 '슈퍼우먼'이다. 남녀 누구와 비교해도 뛰어난 이 슈퍼우먼 초능력의 비결은 무엇일까? 남들과 다른 열정과 노력이 있어도 이를 받쳐줄 수 있는 체력이 없다면 슈퍼우먼은 탄생할 수 없다. 극중에서도 미스 김이 감기 몸살에 걸렸을 때, 자신의 능력을 백 퍼센트 발휘하지 못하고 실수하는 장면이 있다. 아무리 슈퍼우먼 또는 슈퍼맨이라 할지라도 체력이 뒷받침되지 않는다면 자신의 능력을 다 발휘할 수 없다.

우리는 나약한 인간이다. 하지만 일반인도 노력하면 슈퍼맨이 될 수 있다고 한다. 누구나 극한 상황에 부딪치면 두려움을 느끼지만 체계적이고 반복적인 훈련을 통해 두려움은 떨쳐낼 수 있다. 군인도 경찰도 이런 훈련을 통해 거듭나는 것이다. "상황이 닥치니 생각이 명료해졌고, 생각하고 행동하는 게 아니라 그냥 몸이 알아서 움직였다. 승객 탈출을 끝낼 때까지 위험하다는 생각은 떠오르지 않았고, 꼬리뼈가 부러졌음에도 아픈 줄도 몰랐다" 항공 사고에서 탈출을 도왔던 한 아시아나 승무원의 인터뷰 내용이다. 총격전에서 나타나는 슈퍼맨 현상과 이렇게 일치할 수가 없다.

무슨 일을 하든 성공하려면 건강해야 한다. 운동을 지속하여 근육을 키우고 머리를 맑게 하라. 물론 운동으로 아무리 힘을 키운다고 해도 혼자서는 할 수 없는 일도 있다. 업무를 감당하기 위해 많은 시간을 투자하고 있는 여러분도 체력의 한계를 한 번쯤은 느껴보았을 것이다. 실제 많은 여성 공학인은 연구와 업무 외에도 집안 일로 본인의 체력 관리를 소홀히 하는 경향이 있다. 대다수가 가벼운 감기부터 무거운 지병까지 육체적으로 약해진 경험이 있다. 지속적인 운동으로 체력을 잘 유지한다면, 여성 공학인으로서 매사에 능력을 발휘하며 더욱 행복해질 것이다.

대한민국 국민임에 감사하며, 세계를 대상으로 존재감을 키우자

대한민국에서 태어난 것을 감사할 수밖에 없는 일이 많다. 아무리 북한의 핵전쟁 위협이 상존한다고 해도, 우리는 나름대로 잘 살고 있다. 기본적인 인권도 잘 보장되어 있다. 기초 복지 정책도 그럭저럭 잘 시행되고 있으며, 의료보험 체계는 미국인도 부러워한다. 물질적인 풍요뿐 아니라 자연환경을 보호하고 인류애를 발휘하는 일에는 타의 추종을 불허한다. 이만하면 된 것이다. 아직 기초 질서가 확립되지 않은 부분이 유감이기는 하나, 서서히 자리를 잡아갈 것이다. 운전대를 잡고 시내를 돌아다녀보면, 몇 년 전과는 또 다른 교통 문화를 실감할 수 있다. 발전하고 또 발전하였다. 무역 규모 세계 7위의 경제 대국이다. 프랑스인은 한국인은 미친 듯이 달려간다고 비판하지만, 그 속에는 부러움도 숨어있다.

한민족의 단점이라고 자조적으로 지적하던 조급한 성정이 오히려 지식정보화시대에 발전 동력으로 작용하고 있다는 분석도 있다. 2013년도에 세계 88개국을 대상으로 조사한 결과를 보면, 한국에서는 휴대폰 소유자의 3분의 2 이상이 새로운 기종이 출시되면 사용하던 제품을 계약 기간 만료 전에 교체한다고 한다. 이것이 우리 민족의 단점이기도 장점이기도 할 테지만, 정보통신기술이 발전하는 한 유인이 된 것만은 틀림없다.

우리는 대한민국 국민인 것을 감사하고 그에 따른 책임을 다해야 한다. 한국인의 활동 무대가 전 세계로 넓어졌다. 세계를 대상으로 공부하고 연구하고 개발하며 자신의 존재감을 키워나가야 하는 시대가 온 것이다.

국내 활동 영역에 대한 관심도 필요하지만 여성 공학자는 세계의 여성을 위한 보람 있는 일을 찾아야 한다. 이것을 옵션이 아니라 일종의 책무로 인식해야 한다. 우리의 산업 발전은 다른 나라의 에너지를 소비하여 이루어진 것이며 전 세계의 엔트로피를 상당히 상승시킨 책임이 있기 때문이다. 열매는 나눌 때 맛이 배가 된다. 우리는 여기까지 온 것에 감사하며 더욱 열심히 인류를 위하여 자기가 맡은 바 역할을 다해야 한다.

자신의 미래에
투자하는 것이
자녀를 위한 일이다

여성 공학인은 때로 자녀 교육에서 큰 어려움을 겪는다. 퇴근 시간에 맞추어 귀가하기는커녕 밤늦도록 일을 계속해야 하는 경우가 많으며, 주말에도 일하는 날이 많다. 직장 업무와 자녀 교육 모두 완벽하게 해내는 것은 아마도 불가능할지 모른다. 생활의 균형을 맞추는 노력은 필수적이다. 자녀에게 공부하라고 채근하기보다는 스스로 공부하는 모습을 보여주는 것이 더 효과적인 교육 방법이며, 물질적인 공여보다는 의사소통에 시간을 더 할애하는 것이 중요하다. 돈과 시간을 자신과 자녀에게 투여하는 비율에서 적정선을 유지하는 지혜를 발휘해야 한다.

부모의 열정과 시간 투자가 아이들의 학습 능력 향상과 꼭 비례하는 것은 아니다. 부모가 할 수 있는 교육이란 자녀의 마음을 자라게 하고 남을 이해하는 배려심과 같은 삶의 지혜를 가르쳐주는 것이다. 또한 자녀가 자율적으로 자신의 문제를 해결할 수 있는 능력을 발휘하게 도와주는 것이 부모의 역할이다. 자신의 삶을 스스로 꾸려 가는 강한 아이로 성장시키면 어머니로서 할 일은 다한 것이다.

어머니로서, 아내로서의 역할도 중요하지만 자식에 대한 지나친 집착은 뒤로하고 좀 더 넓게, 좀 더 길게 내다보면서 자신의 미래를 준비하는 노력과 에너지가 특별히 필요하다. 자신의 미래를 위해 투자하는 일이 바로 자녀를 배려하는 일이다. 자신의 재정을 잘 관리하여 자녀에게 기대지 않으며, 건강 관리를 잘하여 자녀를 걱정시키지 않으며, 인생에 대한 지혜가 있는 사람으로 살아가면 훌륭한 부모라고 할 수 있다.

신사임당은 효성이 지극한 딸이자 어진 아내이며, 예술에 뛰어났고, 무엇보다도 자녀 교육 방법에 있어 우리나라 여성의 존경을 받는 분이다. 여러 가지 훌륭한 교육관이 있겠지만, 관용과 자애로 대하며 '사람다운 사람', '없어서는 안 될 사람'이 되도록 가르쳤다. 불의와 타협하지 않고 할 말이 있으면 할 줄 아는 용기 있는 사람이 되도록, 자기 힘으로 살아가도록 교육했고, 무엇보다도 몸소 실천하여 보여주었다.

은퇴 후를 대비한
정교한 설계가
필요하다

액티브 시니어^{Active Senior}는 미국 시카고 대학
교의 심리학과 교수인 버니스 뉴가튼^{Bernice Neugarten}이 처음 사용한 단
어로, 55세 정년을 기점으로 75세까지의 젊게 사는 노인 집단을 일
컫는다. 어제의 노인과 오늘의 노인은 다르다는 의미로 사용되는데,
상업적인 맥락에서 마케팅 대상의 한 부류로 구분되기도 한다. 이들
은 보수적이며 상품 구매 시 신뢰성을 중요시한다고 한다.

공학인은 자신의 미래에 대해 지나치게 낙관적인 경향이 있다.
아마도 기술의 진보에 대한 낙관론을 기초로 하여 자신의 능력을 꾸
준히 향상할 수 있으며, 그에 따른 사회적 수요도 지속할 것이라고
생각하기 때문이다. 그러나 신체적으로 정점을 찍고 내리막길에 접
어들면, 몸과 마음이 예전 같지 않음을 실감한다.

공학이라는 분야는 무엇보다도 수치적이고 정밀하며 논리적인

속성을 기본으로 하므로, 별다른 노력을 하지 않는다면 공학인의 성격이나 생활 방식도 지나치게 협소해지고 시야가 제한될 수밖에 없다. 재테크에 무관심하거나 무지하여, 노후 대비를 위한 재정을 제대로 관리하지 못하는 경우도 많다. 여성은 은퇴 후에 자신의 배우자보다 5년에서 10년 이상 더 생존한다. 앞으로 액티브 시니어 그룹에 속할 터인데, 그에 따른 준비를 철저히 해두어야 한다. 일반적으로 남성 배우자가 먼저 은퇴를 하고, 뒤이어 여성이 은퇴를 하는데, 그 기간에 배우자의 재정 관리 상황을 주의 깊게 관찰하고 통제를 잘 해두어야 한다. 또한 재직 시에 다양한 형태의 퇴직 연금과 건강보험, 그리고 자식들의 교육이나 출가 혹은 질병에 대비하여 별도의 금융 자산도 준비해두어야 할 것이다.

우리가 성장하여 부모로부터 독립하기 위해서는 부모에게 의존적인 생활 방식에서 벗어나 나 혼자만의 힘으로 살아가겠다는 의지가 있어야 했다. 그렇게 우리는 공부를 하고 직장을 구하여 경제적으로 자립하면서 결혼을 하고 가정을 꾸렸다. 그리고 이제 은퇴할 때가 되면, 모든 것을 떠나보내야 한다. 다시 독립하여 제2의 독립 선언을 해야 할 시기가 다가오는 것이다. 건강과 기억력이 쇠퇴하는 은퇴 후 생활에 대한 준비는 무엇보다도 중요하며 정교한 설계가 필요하다.

경력 관리

넘겨짚지 말고, 건너뛰지 말고, 간과하지 말고 전공 분야의
기초를 다져야 한다. 기초가 단단하면, 시간을 절약할 수 있으며
경력 관리에서 무한 질주가 가능하다.

창조적 능력 배양이
경력 관리의
최우선이다

창의력이 모든 분야에서 요구되어 경력을 높이는 데 가장 필요한 시대에 들어섰다. 창조경제가 대한민국의 화두가 되고 있듯이, 창조적 인재는 모든 민관 기관과 조직이 원는 인재상이다.

창조력이란 과연 무엇을 의미하는 것일까? 수많은 전문가들이 제각기 설명하고 있지만, 한마디로 정의하면 '해야 하는 일보다 하고 싶은 일에 관심을 가지고 함께 추구하는 행위'라고 생각한다. 해야 하는 것은 기존의 규칙, 논리 등을 따라야 한다는 강박관념이다. 창조력에서 가장 강조하는 역발상이란 '해야 하는 것'의 틀을 '하고 싶은 것'으로 깨는 것이다. 이 틀을 깨면 자연스러워지고 재미있어진다.

'기존의 틀을 깨라'라는 창조의 제1규칙으로부터 정보와 지식에 대한 다음과 같은 세 가지 하부 규칙을 추론할 수 있다.

□ 첫째, 해결해야 할 문제가 동일하더라도 상황이 바뀌면 적용할 수

있는 정보와 지식이 바뀐다.

□ 둘째, 소통되지 않는 정보와 지식은 쓰레기이다.

□ 셋째, 정보와 지식의 유효 기간이 점점 짧아진다.

창조력은 주어진 문제를 해결하기 위하여, 다양한 가능성을 탐색할 수 있는 능력이다. 따라서 호기심을 가지고 질문하며 새로운 정보와 지식을 습득하는 일을 즐겨야 한다. 창의력은 자기 분야의 전문지식과 폭넓은 사고 능력 그리고 꾸준한 학습 동기를 바탕으로 한다. 창의력이란 결국 문제 해결에 접근하는 다양한 통로를 발견하는 능력을 말한다. 자신이 좋아하는 분야에서 해결하고 싶었던 문제를 대화를 통해 해결할 수 있는 열린 마음을 가져야 한다. 문제 해결에 있어 타인과의 소통을 중요시해야 한다. 혼자 해결할 수 있는 문제는 일반적으로 가치가 덜한 문제라고 볼 수도 있다.

창조적 동기란 내적 열정을 의미한다. 자신의 분야에 매니아적 열정이 없다면 창의적 사고를 발휘할 동력을 얻기 어렵고, 자기 경력을 지속해나가기 힘들다.

지식 없는 열정은
재앙을
불러온다

　　여성 리더들이 살아오면서 공통적으로 추구했던 것 중 하나는 바로 지식이었다. 학위나 건축사 같은 자격증을 따거나, 사법고시나 행정고시 같은 시험을 통과하기 위하여 밤낮으로 공부했다. 직장에 들어가면 업무 지침서를 암기했으며, 자신의 경력 관리를 위하여 대학원에 진학하고 유학도 마다하지 않았다. 성공에 대한 열정을 구체화하기 위하여 지식이 필요하다는 당연한 사실을 결코 잊지 않았다.

　　지식 없는 열정은 재난이다. 직장 생활을 하면서 결혼하여 출산과 육아 문제에 부딪치면, 지식을 습득하는 일에 시간을 마음대로 투자할 수 없다. 이럴 때면 자신만의 묘수를 개발하여 시간을 쪼개고 활용하여 다양한 지식을 쌓아나가야 한다. 이러한 지식은 곧 삶에 대한 열정과 맞물리며, 경쟁력 있는 전문가적 자질을 확보해주고 자신의 전문 영역에서 성공의 발판을 마련하게 해준다.

열정은 감탄할 만한 개인적 자질에 속한다. 누구나 쉽게 가질 수 있는 것이 아니다. 그러나 그 열정에 걸맞은 지적 능력을 소유하지 않는다면, 일상이나 직장 생활에서 금방 어려움에 직면하게 된다. 예를 들어, 스마트폰의 사용법을 익히고 다양한 애플리케이션을 다운로드하여 줄기차게 사용해보면서 활용도를 높이지 않는다면, 시간과 비싼 사용료만 낭비하게 된다. 기초적인 경제 용어나 환율과 이자율의 변동, 주가의 변동 주기, 재무제표와 회사의 가치를 산정하는 데이터를 이해하지 못한 상태에서 주식 투자를 한다고 생각해보라. 자신만의 독단과 오류에 빠져 재난 수준의 상황을 맞이할 수 있다.

지속적으로 변화하며 개혁을 요구하는 사회의 흐름에 편승하려면, 쏟아지는 정보를 나름대로의 노하우를 가지고 소화하는 능력을 갖추어야 한다. 검색하고 정리하고 논리적인 흐름을 유지하는 동시에, 자신만의 열정을 가지고 감성적인 브랜드로 포장하여 독특하고 가치 있는 결과물을 내놓을 줄 알아야 직장에서도 생존할 수 있다. 열정을 갖되, 지식 없는 열정은 자칫 재앙을 불러올 수 있다는 점을 염두에 두면서 말이다.

잠재력을
활용하기 위해
끊임없이 기초를 다져라

　　전문 분야에서 기초의 중요성은 아무리 강조해도 지나치지 않다. 넘겨짚지 말고, 건너뛰지 말고, 간과하지 말고 전공 분야의 기초를 다져야 한다. 기초가 단단하면, 시간을 절약할 수 있으며 경력 관리에서 무한 질주가 가능하다. 전문가가 되려면 기초 지식을 넓히기 위해 혹독한 수련을 거쳐야 한다.

　　미국의 경영학자 피터 드러커Peter Ferdinand Drucker는 성공한 리더들은 우선 '무엇을 하고 싶은가'를 묻지 않고 '무엇을 해야 하는가'를 묻는다고 했다. 자신의 잠재적인 능력을 활용하기 위하여 집중해야 할 분야가 무엇인가에 관한 질문이다. 성공한 선배들의 삶은 바로 이러한 물음의 연속이었다. 그들은 자신이 해야 할 일에 집중하고 기한 내에 이루어냈다. 밑바탕에 남모르게 갈고닦은 기초 지식이 있었기 때문에 가능했다. 자신이 하고 싶은 매혹적인 일들이 많이 있었지만,

그들은 하나를 골라내어 집중했으며, 가장 두각을 나타낼 수 있는 분
야에 몸을 던졌다. 그것은 기초 지식을 바탕으로 스스로를 업그레이
드하는 과정이었다.

　공학은 수학과 물리 등 기초과학의 단단한 토대를 마련해야 하
는 분야다. 그러한 기초과학에 바탕을 둔 전공 지식은 그 자체로도
흥미롭고 기술적으로도 활용할 수 있지만, 사회에서도 정의롭고 윤
리적으로 사용할 수 있다. 이때 필요한 것은 인문학적 소양과 의사소
통 능력이다. 인간에 대한 폭넓은 이해가 뒷받침되어야 사회의 조직
과 규칙, 역동적인 역사의 흐름에 자신의 전공 지식을 제대로 적용하
여 사회 발전에 기여할 수 있다.

　정보통신기술의 눈부신 발전은 전 세계인을 즉시성 있고 편재
한 환경에 집어넣었다. 전 세계가 즉각적으로 연결되어 있는 글로벌
시대이다. 정보 검색과 수집, 분석 능력을 갖추지 못한다면, 아무리
많은 전공 지식을 소유하고 있더라도 순식간에 사장될 소지가 있다.
수없이 교류하고 검증하고 평가하여 업그레이드하는 능력이 있어야
한다. 여기에 필요한 것은 정보 기기를 다루는 지식과 어학 지식이
다. 이러한 지식은 전공 분야의 기초 지식과 함께 여러분의 경력 관
리에 필수적인 요소이다.

맞춤형
경력 관리를
활용하라

여성 직장인의 가장 큰 약점 중 하나는 경력의 공백이 생기기 쉬운 사회적 위치에 놓여 있다는 점이다. 경력 단절이 생기면 골다공증에 걸린 사람처럼 삶의 운영이 허약해지기 십상이다. 경력 상의 공백은 재취업을 할 때 치명적인 오점이 될 수 있다. 일할 의지가 없는 사람으로 낙인찍히기도 하고, 취업 면접에서 불리한 요소로 작용하기도 한다.

결혼, 출산, 육아는 경력 단절의 주범이다. 그러나 다양한 방법으로 경력 단절의 피해를 최소화할 수 있다. 먼저, 가족의 도움이 가장 중요하다. 한 아이를 키우기 위해서는 온 동네가 나서야 한다지 않는가. 남편과 집안 어른들의 적극적인 도움을 이끌어내야 한다. 점점 '탄력근무제'와 '24시간 육아 시설' 등 정부 차원에서의 제도적인 지원책도 마련되고 있다.

과거에서 현재까지의 결과보다는, 현재에서 미래로 연결되는 과정 진행형의 살아있는 경력을 관리해야 한다. 최근 정부에서는 학벌이 아닌 능력 중심 사회를 만들기 위하여 '국가직무능력표준'을 개발하고 있다. 이 표준은 기업에서 요구하는 인재가 갖추어야 할 능력을 명확히 규정하고, 이를 위한 교육 훈련과 자격 제도를 제시한다고 한다. 이 표준을 공교육 과정에 적용하기도 하지만, 사실 개인의 맞춤형 경력 관리에 적극적으로 활용하는 것이 좋을 것 같다. 여성이 겪어내야 하는 경력 단절의 악재를 호재로 만들 수 있는 방법은 바로 자신에 맞는 표준 직무 능력을 인지하고 꾸준히 개발해나가는 일이다.

전 생애에 걸쳐 자신의 경력 흐름을 유지하고 관리한다면 일자리는 언제나 있다. 이러한 의미에서 경력 단절이란 자신의 일생에 공백을 만드는 것과 같다. 앞으로 사회의 인식 변화와 더불어 여성의 노동 환경에 대한 제도 개선이 이루어진다면, 여성 공학인으로 살아간다는 것은 선망의 대상이 될 것이다.

가사와 육아를
가정, 사회, 국가가
분담하자

대부분의 직장 여성은 전통적으로 여성의 일로 간주된 육아와 가사를 병행하는 이중 부담을 떠안고 있다. 자녀 교육 문제도 이와 크게 다르지 않아, 여전히 여성이 담당해야 할 몫으로 남아 있다. 이러한 가사, 육아 및 교육에 대한 부담은 업무에도 지장을 초래할 수 있다는 데에 더 큰 문제가 있다. 공학 분야에서 경쟁자의 대다수가 남성이라는 점을 감안하면, 가사와 육아에서 비롯되는 어려움에 대한 이해와 배려를 직장에서 기대하기 어렵기 때문에 여성은 개인적인 인내와 노력으로 해결할 수밖에 없다.

이러한 이중 부담의 문제는 개인에게서 그치는 것이 아니라 사회 문제로 확대된다. 많은 기혼 여성이 이러한 난관을 피하기 위해 출산을 포기하는 쪽을 선택하기 때문이다. 현재 우리나라의 출산율은 OECD 국가 중 최하위를 기록하고 있다. 이러한 출산율 감소 현상은 여성의 사회 진출이 활발해진 데서 이유를 찾을 수 있다. 결혼 이후에도 직장 생활을 하는 여성이 많아졌음에도 불구하고, 육아 및 가사 활동 등을 여전히 여성만의 몫으로 인식하는 사회문화적 풍토가 만연하다. 이것은 육아와 교육을 국가와 사회의 제도적 지원 없이 개인 차원의 일로 간주하는 열악한 현실을 반영한다.

여성이 자신의 능력을 발휘하여 개인적인 성취뿐 아니라 기업과 국가의 발전에 기여할 수 있도록 하기 위해서는, 반드시 국가 및 기업 차원의 지원이 있어야 한다. 육아와 교육에 대한 여성의 부담을 줄이는 방안을 강구하고 실질적인 제도를 마련해야 한다.

남성 중심의 가부장적 가족 관계도 부부 중심의 평등한 관계로 전환해야 한다. '프렌디'와 '스칸디 대디'가 문화로 정착되어야 한다. 프렌디Friend+Daddy는 '친구 같은 아빠'라는 뜻의 합성어로, 육아에 적극적으로 참여하는 아빠를 지칭하는 신조어이다. 엄마의 양육 못지않게 아빠와 같이 지내는 시간이 자녀의 사회성 형성이나 성 인지 교육에 효과가 높다고 알려져 있다. 스칸디 대디Scandi Daddy는 북유럽에서 보편화된 현상으로, 아빠가 육아 휴직을 내고 자연 속에서 아이들과 시간을 보내는 것을 가리키는 말이다. 우리나라에도 아빠를 가정에 적극적으로 참여시키는 문화가 자리 잡아야 한다.

일을 즐기기 위해서
자기 분야
최고가 되어라

대가의 면모를 보면 자신의 일을 진정으로 즐기고 있다는 인상을 받는다. 현재 하고 있는 자신의 일이 즐겁지 않다면, 아직 자신의 분야에서 최고가 아니라고 할 수 있다. 자신만의 전문성을 길러내기 위해 충분한 시간과 노력을 투자하지 않았다는 말이다. 일을 즐기기 위해서는 나만의 전문성이 반드시 필요하다. 쫓기는 사람은 결코 그 일을 가지고 놀 수 없다.

자기의 전공 분야에서 최고가 되려면 한눈팔지 않고 실력을 키우는 것이 중요하다. 공부는 스스로 하는 것이다. 용기 있게 도전하고, 열정을 가지고 스스로의 한계에 부딪쳐보아야 한다. 작은 도전에서 성공을 맛보고 나면, 큰 도전을 준비할 때도 자신감이 생긴다. 누가 시켜서가 아니라 스스로 원해서 결정하고 선택하면, 스스로 책임지려는 마음이 생기고, 주인 의식을 갖고 보다 적극적으로 일을 하게 된다. 그러다보면 어느덧 그 분야에서 리더가 되어 있는 자신을 발견할 수 있을 것이다.

공학인으로서 갖추어야 하는 기초 소양, 즉 비판적 사고력, 글쓰기, 발표력 등과 더불어 자기 분야 전공 지식을 습득하려면 적어도 3~4년의 훈련 기간이 필요하다. 이 기간이 한 분야의 전문성을 누적할 수 있는 최소한의 기간이다. 이때 쌓은 지식을 기반으로 하여 전문 공학인으로서 기본적인 지식 체계를 구축한다. 더 나아가 자신만의 고유한 전공 영역을 정복하려면 4~5년의 전문화 과정이 더 필요하다.

한 분야를 깊이 파라. 그러면 비록 입구가 좁았을지라도 출구는 자연히 넓어지게 되어 있다. 자신의 꿈을 이루기 위해 철저히 준비하고 인내하며 노력하는 사람만이 미래를 이끌어갈 차세대 여성 공학인이 될 것이다.

학문적 가치를
맛보려면
박사학위에 도전하라

좋은 엔지니어가 되기 위하여 반드시 박사학위가 필요한 것은 아니지만, 사정이 허락된다면 한번 도전해보기 바란다. 엔지니어로서 실무에서 배우는 경험적 지식은 분야에 따라 박사학위보다 더 의미 있는 자산이 될 수 있다. 하지만 박사과정에서는 스스로 선택한 하나의 연구 주제를 중심으로 객관적이고 체계적인 자신만의 이론을 세워 문제를 해결하는 훈련을 한다. 또한 국제적인 경쟁력을 갖추기 위해 필요한 학문적 눈높이를 얻을 수 있다. 한 분야의 특정한 문제에 대해서는 적어도 최고의 경지에 이를 수 있다는 말이다. 세계인과 경쟁하는 환경에서 취득한 학위는 여러분이 속한 조직에도 가치 있는 자산이 된다.

공학은 꿈을 만드는 학문이다. 꿈의 정점에 반드시 박사학위를 통해 도달할 수 있는 것은 아니다. 그러나 박사학위는 창의적인 아이디어를 학문적으로 가치 있는 이론으로 구현할 능력이 있음을 인정하는 하나의 자격을 나타낸다. 아직도 학위라는 자격증은 실무와 현장에서도 효과를 발휘하는 무기로 사용되는 측면이 많다.

생각한 것을 구체화하고 현실화하는 과정이 바로 공학 분야 학위 과정이며, 이를 체계화하여 만인이 공유할 수 있게 내놓은 결정체가 학위 논문이다. 스스로 만들어 세상에 처음으로 내놓은 아이디어의 결정체가 수백만, 수천만 명의 사람들에 의해 사용되는 것에서 보람을 찾고자 한다면, 주저 없이 공학을 전공하고 상황이 허락하면 깊은 학문의 샘터에 풍덩 빠져보기 바란다. 학위 과정을 통하여 얻어낸 공학적 지식을 바탕으로, 자신만의 이론과 창의력을 갈고닦는 것은 정말 가치 있으며, 그에 따른 보상도 크다.

학위가 있으면, 기업에 들어가 일하는 것 외에도 교수로서 후학을 양성할 수 있으며, 대중문화를 선도하는 오피니언 리더가 될 수 있고, 과학기술 정책을 입안한다거나 관련 서적을 출판하는 저술 활동도 할 수 있다. 학위가 꼭 있어야 하는 것은 아니지만, 학위는 바로 나의 능력에 대한 객관적인 증표이기 때문에 객관적 평가가 신속하게 이루어지며, 다양한 프로젝트를 수행하기 위한 기본 조건이 되기도 한다. 그러나 무엇보다도 자신에 대한 만족감보다 더 가치 있는 보상은 없을 것이다.

직장에서
자신만의 이미지를
관리하라

직장에서 나는 정말로 필요한 일을 하고 있는 것일까? 그리고 열심히 최선을 다하고 있는 것일까? 제대로 알지 못한 채로 일하는 것은 아닐까? 정말 중요한 일이 무엇인가? 의미 없는 일인데도 남에게 보이기 위해 열심히 하고 있지는 않는가? 스스로에게 던지는 이런 반문은 가치가 있다. 질문을 자주 해보면서 자신도 모르게 익숙해진 잘못된 사고나 행동을 수시로 교정해주어야 한다. 스스로 독려하기를 멈추지 말고, 다음과 같이 직장에서 자신만의 이미지를 관리해보라.

■ 첫째, 균형 잡힌 사고와 생활 태도가 중요하다. 감정에 치우치지 말고 공과 사를 구분하며, 실력으로 승부하라. 직장은 프로들의 전쟁터다. 해결사가 되어라. 특정 인맥에 의지하면 실력이 없어 보이

며 어느 순간 존재감이 날아간다.

■ 둘째, 지식에 대한 욕구를 표출하라. 의욕적으로 끈기 있고 실효성 있게 지식에 접근하고, 자신의 것으로 소화해야 한다. 지식이 없는 매력은 공허할 뿐이다.

■ 셋째, 계획과 일정대로 움직여라. 아무리 방대하고 깊은 지식을 소유하고 있어도 행동으로 옮기지 않으면 아무 것도 이룰 수 없다. 조직에 기여하기 위한 구체적인 계획을 세워 실천에 옮기면서 실제적 과정을 기록하고, 책임과 의무의 내용도 꼼꼼하게 체크하여 인상적으로 업무를 처리하라.

■ 넷째, 자신의 의견을 설득하기 위한 협상 기술이 있어야 하며, '나'라고 하지 말고 '우리'라고 말하는 데 익숙해져야 한다. 가장 먼저 듣고 가장 나중에 말하는 배려의 태도도 이미지 관리의 중요한 요소라고 할 수 있다.

이렇듯 상식적으로 보이는 사항들을 인내심을 갖고 지속적으로 실천하며 스스로 피드백을 게을리하지 않는다면, 어느덧 자신의 이미지가 다른 사람들에게 투영되어 성공적인 경력을 쌓는 데 무한한 자산이 될 것이다. 프로의 세계에 아마추어가 설 자리는 없다.

경력 관리의
일곱 가지 쌍기역 법칙을
기억하자

■ '깡'을 가져라. 깡은 집념이다. 자신만의 원칙을 지켜나가려는 소신이 필요하다. 리더십은 길러지는 것이므로 학습하고 실행하라. 옳다고 생각하면 주위의 어떤 소리에도 굴하지 않고 추진하는 고집이 있어야 믿고 따르는 무리가 생긴다.

■ '꼴'을 잘 갖춰라. 즉, 꼴불견은 사절하며 이미지와 인품을 관리하라. 품위 있게 살아가라. 말과 행동이 일치하는 자신만의 이미지를 구축하고 관리하며 단정한 용모를 유지하라. 실력이 경쟁력이지만, 인품이 결정적인 역할을 하는 경우도 적지 않다.

■ '꾀'를 내어라. 명민한 상황 판단 능력을 키워야 한다. 성공하려면 업무의 중요도와 시급성을 판단하여, 우선순위를 정해 재치 있게 처리해야 한다. 철저히 일의 성과를 내며 자기관리를 하여 자기 브랜드를 겸손하게 유지하라. 출산과 육아는 집안과 주위 사람들을 잘 설

득하여 협조를 받아 현명하게 해결해야 한다.

- ■ '꾼'이 되어라. 전문가가 되라는 말이다. 자기 분야에서 최고의 달인이 되도록 노력해야 하며, 자기가 맡고 있는 업무에 대해 철저히 공부하고, 열정과 실력으로 승부하려는 자세를 가져야 한다. 독서를 게을리하지 말고, 외국어 실력을 갖추어라. 현장에서 몸소 배우고 익히려는 각오를 가져라.

- ■ '꿈'을 가져라. 비전을 갖고 목표를 명확히 세우고 자신이 하고 싶은 것을 확실히 하면, 성공적으로 경력을 쌓아 직장에서 최고에 이를 수 있다.

- ■ '끈'을 엮어라. 대인관계를 키워라. 인적 네트워크는 대단히 중요하다. 한 사람의 열 걸음보다 열 사람의 한 걸음이 낫다는 말도 있다. 많은 동반자와 협력자를 만들어라. 무엇보다도 역할모델로 삼을 수 있는 멘토가 있어야 한다.

- ■ '끼'를 펼쳐라. 자기만의 기술과 노하우로 무장한 프로가 되어라. 감성을 계발하여 조직의 반응 속도를 높이는 역할을 하라. 여성만의 직관적 문제 해결 능력, 다중 역할 수행 능력, 탈권위적 업무 스타일을 바탕으로 진짜 프로가 되어야 한다. 아마추어에게는 보수를 주지 않는다.

사전에
위기 탈출 전략을
세워놓아라

우리는 때로 원하지 않는 상황을 맞닥뜨린다. 주어진 시간 내에 할 일이 많기도 하지만, 주변 환경이 예기치 않게 변동하기 때문이다. 적응하는 데 시간이 필요하지만, 한 조직의 운영은 개인의 사정을 적극적으로 반영하기에는 한계가 있다. 나보다 더 능력 있는 인재들이 수두룩하기 때문이기도 하다. 경우에 따라 어쩔 수 없이 퇴출되기도 한다. 이럴 때 필요한 것이 위기 탈출 전략이다. 이러한 전략은 누구에게나 필요하다. 어려움이 닥치면 속수무책으로 당하지 말아야 한다. 위기에 대비할 철저한 사전 준비가 필요하다.

한 여성 공학인이 박사학위 논문을 준비하는 과정에서 모아놓은 자료로 전공 서적을 출간하여 갑자기 닥친 경제적 어려움을 해결했던 경험담을 털어놓으며, 사소한 것이라도 자신의 피와 땀이 어려

있는 자료는 반드시 필요한 경우가 있으니 버리지 말라고 한다. 비상구는 자신이 이미 준비해 놓은 것을 이용하는 통로에 불과하다. 항상 자신의 포트폴리오를 관리하라. 많은 경우 위기 탈출 해법은 바로 거기에서 찾을 수 있다. 현재의 문제는 과거에서 답을 찾을 수 있다. 미래는 나의 과거와 현재로부터 뻗어 있는 길이다.

인정하고 싶지 않지만, 아직은 어느 나라 할 것 없이 남성 중심적 사회다. 원치 않는 방해물이 여성 앞에 불쑥 나타나곤 한다. 출산과 육아라는 버거운 짐을 감내해야 하며, 폐경기 우울증과 같은 원치 않는 병마가 덮치기도 한다. 이럴 때를 대비하여, 전공을 비롯하여 일반교양에 이르기까지 풍부한 인문학적 소양을 바탕으로 정신적 위기를 넘겨야 한다. 실용적인 기술과 어학 실력을 완벽하게 습득하고, 예비 재정을 확보하여 비상시에 사용할 실탄으로 예비해두어야 한다.

공학인에게도 인문학적 소양이 반드시 필요하다

공학인이 갖춰야 할 자질 중에 사회 흐름과 정황을 읽어내는 통찰력은 매우 중요하다. 공학은 사용자를 기술적으로 배려하는 학문이다. 공학자는 제품 설계 과정에서 반드시 인간적인 요소와 감성적인 요소를 적절히 반영해야만 가치 있는 제품을 만들 수 있다. 이러한 요소들은 인문학적 소양을 통해서만 얻을 수 있다.

기술 발전에 따라서 그에 적응하는 인간의 의식과 행동 양식도 변화한다. 사람과 기계와의 관계가 새롭게 정립되고, 기술의 진화에 따른 인간의 행동 패턴도 그에 따라 진화한다. 이러한 관계의 패러다임 변화를 제대로 읽지 않으면 어떤 분야에 종사하든지 성공적인 결과를 이끌어낼 수 없다. 결국 모든 것은 사람이 하는 일이므로 인간의 감각, 본성과 본질에 대한 이해가 선행되어야 한다.

인간을 이해하기 위해서는 다양한 학문이 필요하다. 심리학은 인간의 사고방식과 행동의 미시적 변화를 추적한다. 경영학은 조직 문화, 제도와 시스템, 그리고 환경을 어떻게 조성하면 구성원의 역할이 향상될 것인가를 분석한다. 인류학은 한 인간이 공동체의 일원이 되는 문화적 적응 과정을 포괄한다. 철학은 인간의 의식을 근원적인 관점에서 해석하고자 한다. 사회학은 사회의 관습이나 전통, 제도, 관례 등을 통하여 인간이 사회화되어 가는 과정을 이해한다. 공학은 인간의 생리를 기계적인 관점으로 보고 그 기능을 증폭하려고 한다.

센서 기술이 고도로 발전하고 스마트 모바일 인프라가 갖추어지면서, 그에 수반하는 개인 맞춤 응용이 미래 산업의 핵심 영역으로 부상하게 되었다. 이를 배경으로 하여 기술적, 사회적 변화의 흐름이 기술 중심에서 다시 인간 중심으로 가속화하고 있다. 이제 산업사회를 지나 지식정보사회를 스쳐 지나가며 감성 사회로 진입하고 있다. 다양한 분야 간의 원활한 교류와 융합을 이루어야 새로운 아이디어가 나오고, 그에 따른 표현 방식이 개발되기 때문에, 공학을 전공하는 사람도 인문학적인 소양을 충분히 갖추어야 한다. 많은 것을 배워라. 능동적인 태도로 삶의 기회를 만들어가는 데 인문학적 소양은 거름이자 비옥한 토양이 된다.

박사학위 소지자라도
평생교육에
참여하라

이제는 모든 사람이 평생토록 평가받는 시대가 왔다. 한때 특정 영역에서 취득한 결과물인 박사학위에 대한 과대평가는 이미 끝난 지 오래다. 공학은 어떤 분야보다도 급격히 변한다. 어제의 황금률이 오늘은 쓰레기통으로 던져지기 십상이다. 지구촌 어디에선가 나의 경쟁자가 나보다 효율적인 시스템을 설계한다. 그러면 나의 노하우가 하루아침에 무용지물이 될 수 있다. 학위는 더 이상 기회와 출세의 열쇠가 되지 않는다. 오히려 개인과 조직의 유연성을 제한하고 압박하여 손해를 주는 애물단지가 되기도 한다. 또한 자신의 능력에 대한 환상에서 과오 유발자가 되기도 한다. 자신을 둘러싼 외형적 포장이 자신의 실력이라고 오판하는 사람은 더 이상 존립하기 어렵다.

박사학위만 있으면 은퇴할 때까지 버틸 수 있었던 시대는 오래

전에 지나갔다. 학위는 말 그대로 자신의 학문적 배경일 뿐이다. 박사과정을 5년 걸려 마쳤다면, 그때 공부한 지식을 유용하게 활용하는 기간은 길어야 5년 정도일 것이다. 지속적으로 보강하지 않는다면, 어느새 부실 구조물로 퇴락한 자신의 불쌍한 처지를 확인하게 된다.

학위는 중요하다. 시작점을 결정해주기 때문이다. 그러나 학위에서 얻은 전문 지식의 효력이 언제까지나 지속될 수는 없다. 학위를 통하여 얻은 것은 해당 전문 분야 연구의 경향성을 읽는 법과 아이디어를 내는 매커니즘, 자신의 아이디어를 효과적으로 설명하고 구현하는 능력에 불과하다.

계속 새로운 과학기술이 나오고, 핫이슈가 바뀌니, 언제나 촉각을 곤두세워야 한다. 전공 분야의 전문 잡지와 신문 등을 지속적으로 구독하고 인터넷을 검색하여 트렌드를 파악하며, 다른 분야 사람들과 정보를 공유하면서 자신의 관점과 식견, 감각을 평생토록 키워가길 바란다. 즐거운 마음으로 평생교육을 생활화하자. 새로운 연구 개발의 결과는 지속적으로 평가받을 것이며, 그에 따른 보상이 분명히 뒤따를 것이다.

경제성을 다루는
공학자는
경제학을 알아야 한다

세계는 경제 법칙에 따라 움직인다. 근대에 들어와 로크나 애덤 스미스로부터 비롯된 기계론적 세계관이 정착하면서 부의 축적에 대한 정당성이 확보되자 자본주의 사회가 꽃피게 되었다. 자본주의 체제하에서 기업은 투자한 자본에 대한 이윤을 극대화하려고 한다. 이에 편승하여 정부와 대학은 기업의 생태계를 보전하고 지지해주는 역할을 마다하지 않는다. 새로운 경제 법칙이 등장하기 전까지 당분간 이러한 현상은 피할 수 없을 것 같다. 자본주의적 경제 법칙이 모든 사회의 가치관을 뒤흔들고 있는 것이다.

공학인은 신기술 개발 프로젝트에 참여하지 않을 수 없다. 보통 그러한 프로젝트는 정부나 기업에서 지원하는 연구 개발비로 운용되기 마련이다. 그러다보니 직간접적으로 기업의 목표인 이윤 추구 과정에 개입할 수밖에 없다. 실용성 있고 경제성이 보장된 개발품을 내놓아야, 기업의 이윤 추구에 부합하는 연구 프로젝트로 계속 살아남을 수 있다.

공학 프로젝트들은 대체로 그 시대 조류에 맞게 약간 앞서가며 국제적 표준화 작업에도 참여한다. 기업의 이익에 맞게 실용적인 제품을 개발하고, 다른 회사와 차별화되는 서비스 개념을 도입하여 사업화하도록 도움을 준다.

기업의 사업 부서는 이윤 추구 목적을 달성할 니즈형 프로젝트를 제시하고, 기업 연구소와 대학은 가까운 미래의 기술 수요를 예측해서 신규 서비스와 연관된 연구 개발을 선도한다. 공학인이 사회 저변에 도도히 흐르는 이러한 기술 개발과 경제 흐름을 이해하지 못한다면 의외의 시행착오와 실패를 겪을 수 있다. 기업의 부서들은 매출 증가라는 명확한 목표로 프로젝트를 준비하고, 대학에서는 미리 준비한 공학 이론과 개발 방법을 기업에게 선제적으로 제공하여 경제적인 제품을 성공적으로 생산하는 데 일조함으로써 공생한다.

개발 자금이 없으면 연구도 없다. 연구 지원이 끊기면 프로젝트는 사라진다. 이러한 냉엄한 현실은 경제적 지식의 바탕 위에서 굴러간다. 이것도 공학인이 경제학적 기초 지식을 습득하는 것을 게을리할 수 없는 또 한 가지 이유이다.

소통

무엇이든 폭넓게 이해하며 전체를 보는 눈을 키우고 싶다면,
누군가와 어울리는 일을 주저하면 안 된다.
어울려야 소통이 가능하고 소통해야 같이 살아갈 수 있다.

인적 네트워크를
활용하여
소통의 영역을 넓혀라

어느 인터뷰에서 한 노숙자가 가장 견디기 힘든 문제는 빈곤이 아니라 소외된 상황이라고 말했다. 인간이 사회적 동물이라는 말은 서로 소통하고 교류하는 존재라는 것을 뜻한다. 이러한 의미에서 친절하고 예의 바른 태도는 인간이 갖추어야 할 기본적인 자질에 속한다.

무관심했던 관계를 친밀한 관계로 발전시키려면 상대방에게 관심을 가져야 하고, 그가 나에게 소중한 사람임을 일깨워주는 일련의 노력을 지속적으로 해야 한다. 내가 소중하게 여기는 사람이 많을수록, 나를 소중하게 생각하는 사람이 많아진다. 이러한 인간관계는 스스로 증식하는 생명력을 가지므로, 내가 소중하게 생각하는 사람의 네트워크가 자연스럽게 나의 네트워크 안으로 편입된다.

직장에서 직위가 높아지고 할 일이 많아질수록 인간관계가 더욱 중요해진다. 인적 네트워크는 경력의 초기 단계에서는 잘 드러나지 않지만, 직급이 올라갈수록 업무 성과에 큰 영향을 준다. 오랫동안 신뢰를 쌓은 인간관계는 어려운 순간에 빛을 발한다. 차곡차곡 쌓인 인적 네트워크의 크기만큼 사회적 지위도 높아진다는 사실을 잊지 말아라.

공학인의 삶에서 중요한 전환점은 다른 공학인과의 인간관계로부터 비롯되는 경우가 많다. 대부분의 경우, 우수한 동료 연구자와의 공동 연구가 프로젝트의 성공 여부를 결정한다. 학회에서 임원이 되거나, 정부 기관에서 전문위원이 되거나, 포상을 받거나 연구비를 확보하는 일 등에서 다른 연구자나 지인과 쌓았던 인간관계가 결정적인 기회를 제공하기도 한다.

인간관계는 자신의 경력의 지경을 넓히는 기회를 제공한다. 스스로 성장하는 네트워크는 시간이 지날수록 더욱 정교해지고 풍부해진다. 하루에 적어도 세 명 이상의 지인에게 전화하는 인간관계 전략도 실행해볼 만하다.

일상의
네트워크를
소중히 관리하자

동창생은 학창 시절의 꿈을 공유한 사람들이다. 맞대고 욕을 해도 화가 나지 않는 유일한 사람들이다. 나의 동창 모임은 물론, 남편의 동창회도 빠질 수 없다. 세상에서 가장 소중한 사람인 남편의 과거와 속살을 들여다볼 수 있는 절호의 기회다. 동네 아줌마들과의 모임도 유지해보라. 재미도 있고 삶의 지혜와 정보도 얻을 수 있다. 다양한 상황에 처해 있으므로 다양한 삶의 열매와 상흔을 겹치기로 맛볼 수 있다. 같이 생활하거나 일하는 사람을 만나면 미소로 인사하고, 모임에 적극 참여하고, 같이 공부하고 교류하면 유익한 사회생활 네트워크를 구축할 수 있다.

누구나 학부모가 될 수 있다. 이 때에도 가치 있는 모임이 만들어진다. 동네 유치원 학부모들이 만나 처음에는 유치원장 흉보기로 모임을 시작하지만, 밤이 되면 아파트 공터에 나와 아이들이 수건돌

리기를 할 때, 엄마들은 집에서 들고 나온 간식을 나누며 시간 가는 줄 모르고 이야기꽃을 피우기도 한다. 이러한 모임은 아이들의 성장과 같이 진화하게 되어 있다. 잘만 유지한다면 대학 입시 정보도 손쉽게 얻을 수 있다. 더 오래 지속한다면 자녀들의 결혼 상대를 찾는 일에도 도움을 준다. 서로의 집안 사정을 잘 알고 있다는 큰 장점이 있다. 무엇보다도 훌쩍 지나가 버린 꿈같은 세월을 읽는데, 이만한 모임도 없다. 학창 시절 단짝 친구들과의 정기 모임도 유지하기 바란다. 같이 몰려다니며 재미있는 여행과 맛집 탐방을 즐기기에 딱 알맞다.

대학 혹은 대학원 시절에 참여한 동아리와 스터디 그룹 모임을 지속적으로 잘 관리하라. 구원 투수 역할을 하는 보석과 같은 존재들이다. 여성 협회나 단체에 가입하고 적극적으로 활동하라. 같은 분야에 종사하는 산학연 선후배와 정보를 교류하고 친목을 도모하면, 자신의 전공 관련 활동에 동기부여가 되고 격조 있는 열매를 거둘 수 있다. 전공과 관련된 학회는 하나 이상 참여하는 것이 좋다.

마지막으로 SNS에 푹 빠져보는 것을 권한다. 이왕이면 영어권에도 접속한다. 전 세계 사람들과 교류하고, 반가운 사람을 찾아내고, 학생들도 취업시키고, 외국에 있는 친지들과 사진과 동영상도 주고받을 수 있다.

누군가와
어울리는 일을
주저하지 말라

무엇이든 폭넓게 이해하며 전체를 보는 눈을 키우고 싶다면, 누군가와 어울리는 일을 주저하면 안 된다. 전혀 안면이 없던 사람과 5분 내에 친구가 될 수 있다면, 그는 이미 성공했다는 말이 있다. 타인과 어울리는 일은 타고난 성정과 함께 노력을 수반해야 가능하다. 자신이 한 발 앞으로 나가지 않으면, 그들은 두 발 뒤로 물러선다는 사실도 염두에 두어야 한다.

대부분의 공학적 과제는 팀워크로 이루어진다. 따라서 팀원 간 이해와 협조, 그리고 신뢰가 뒷받침되어야 한다. 보통의 경우, 남성과 여성 팀원이 함께 어울릴 수밖에 없다. 처음에는 집단생활이 다소 낯설고 적응하는 데 힘도 들 것이다. 이럴 때일수록 상대방의 마음을 읽어보려는 태도를 먼저 취하지 않으면, 이성 상대에게 다가가기가 쉽지 않을 것이다.

여자와 남자를 구분하는 것은 아마추어나 하는 일이다. 프로의 세계에서는 모두가 동일한 자격과 위치에서 의사소통하며 어울린다. 같이 일하는 동료들과 대화가 필요할 때, 거리낌이 있으면 많은 손해를 가져올 수 있다. 팀원 간에 어색함을 가능한 한 빨리 걷어내야 한다. 그러기 위하여 소통의 문을 열어 대화하기를 주저하면 안 된다.

같은 직장에서 동료들이 모여 있는 흡연 장소나 구내식당, 혹은 퇴근 뒤에 소주잔을 기울이는 주점이나 노래방을 피하지 말라. 장소가 문제가 아니라 다가가서 말하고자 하는 의지가 있고 자신의 마음을 열어놓을 준비가 되어 있다면, 어울리는 일은 그다지 어렵지 않다. 삶이란 어울림에서 피어나는 향기와 같은 것이다. 처음에는 이상하고 어색하더라도 익숙해지고 노련해지면 어느덧 즐길 수 있는 향기로 변한다. 향기란 익숙함에서 나오기 때문이다.

누구와도 어울려라. 단순히 즐기기 위해서도 좋고, 어떤 보상을 바라고 어울려도 좋다. 함께하는 시간이 늘어날수록 서로의 공통분모가 넓어져, 동질감을 느끼는 순간이 다가온다. 어울려야 소통이 가능하고, 소통해야 같이 살아갈 수 있다.

협상력을 키워
자신이 속한 공동체에
기여하라

삶에서 오로지 나 혼자 하는 일은 죽는 일밖에 없다. 우리는 더불어 살아야 한다. 일에서도 팀워크로 성과를 낸다. 다양한 형태의 공동 연구 프로젝트를 수행하는 공학인에게 성공적인 대외 섭외와 연구자 간 협력을 이끌어내는 협상력은 필수적이다.

협상은 설득하는 기술이다. 설득력은 세련되고 노련한 의사소통을 통하여 자신의 의지를 관철하는 능력이다. 설득하려면 언어 선택을 신중하게 해야 하고 해당 사안에 대한 정확한 지식을 갖추고 있어야 한다. 우리는 태어나서 죽는 순간까지 수없는 협상을 경험하며 살고 있다. 얻어낼 것은 얻어내고, 줄 것은 기꺼이 내주어야 한다. 부당하거나 공평하지 않을 때는 규정과 조건을 제시하며 이해와 협조를 끌어내야 한다. 우리는 삶을 순조롭게 이끌어가기 위해서 이런 협상 능력을 반드시 키워야 한다. 상대를 이겨내기 위해서는 단순한 대화의 수준을 넘어 설득이 필요한 상황에 수없이 직면하기 때문이다.

협상력은 노력으로 향상할 수 있는 기술이다. 배워야 하며 경험이 누적되어야 하고 용기와 의지가 있어야 한다. 특히 여성들은 그 중요성을 간과하여 소홀히 하기 쉬우므로, 협상력을 키우려는 의도적인 노력이 필요하다. 협상력을 키우기 위한 지침서들이 많이 있지만, 협상력 함양을 위해서는 무엇보다도 자신이 속한 공동체를 이해하고 사랑하려는 의지가 있어야 한다.

인간은 공동체의 삶을 살고 있다. 생존 전략으로서 협상력은 의미가 있지만, 더 중요한 것은 자기가 공동체에 속해 있고, 이 공동체의 존재와 발전을 위해 일하고 있으며, 이러한 일이 자신의 권리이자 의무라고 인식해야 한다는 점이다. 진실로 보람 있게 살고 있다는 자긍심은, 권리와 의무를 잘 이행하여 공동체에 기여했을 때 생겨나는 내면의 소리이기 때문이다.

협상은 양심적인 행위여야 한다. 협상력은 자존감을 지키는 기술이다. 이 능력은 사람이 공동체 안에서 열심히 살아갈 수 있는 동력이 된다.

외국어로 무장하면 글로벌 인맥이 생긴다

전문 분야에서 일하다보면 외국에 드나들 일이 많아진다. 이럴 때 필요한 것이 외국어 실력이다. 일반적으로 외국인이 한국어를 잘하는 경우는 흔치 않다. 따라서 아쉬운 우리가 그들의 언어를 공부할 수밖에 없다. 일단 그들의 언어를 잘 활용할 줄 안다면, 여러분은 수많은 국제적 인맥을 형성할 수 있다.

인맥이란 사람들이 엮인 소통 채널이다. 이 채널을 만들고 활용하려면 상대방과 일정 수준 유대감을 형성하고 정기적으로 소통해야 한다. 가장 효과적인 소통 방법은 그들의 언어를 사용하여 직접 대화하는 것이다. 상대방과 대화하는 가운데 유대감이 생기고, 그 사람이 나의 인맥 속에 들어온다.

직무를 수행할 때 언어 구사 능력에 비례하여 성과가 나온다고 해도 무리한 주장은 아닐 것이다. 소통이 자연스럽게 이루어지지 않으면, 오가는 정보의 질과 양도 보잘것없게 된다. 외국어를 공략하면 글로벌 인맥이 생긴다. 연구와 개발 능력은 일차적으로 자신의 경험과 노력에 비례한다. 그러나 국제적인 팀워크와 글로벌 네트워크를 통해 수행하는 프로젝트가 많아짐에 따라, 외국인과 소통할 수 있는 커뮤니케이션 능력이 각별히 요구된다. 글로벌시대에 외국어로 무장하면 경력 관리에 날개를 달고 있는 것이다.

세계 공통어인 영어는 반드시 공략해야 한다. 우리나라 사람들은 비영어권 사람들에 비해 영문법 실력이 탄탄하고 발음도 좋다. 영어 공부 환경에 조금만 자신을 노출한다면, 빠른 시간 안에 의사소통할 수 있는 기본기를 갖출 수 있다. 한국처럼 외국어 공부 환경이 좋은 나라가 없다. 각종 신문 방송 매체에서 회화, 작문, 독해 등에 관한 양질의 콘텐츠를 무료 혹은 저렴한 가격으로 제공하고 있다. 영어를 비롯한 외국어를 잘 활용할 줄 안다면, 여러분은 수많은 국제적 인맥을 형성할 수 있다. 외국어 실력은 정말 소중한 재산이다.

조직 운영은
인적 관리와 의사소통이
좌우한다

공학인은 맡은 프로젝트 주제의 핵심을 파악하여 최적의 개발 방법론을 선택한다. 이 과정에서 여기에 적절한 팀을 조직하여 일하게 된다. 여성 조직원의 경우에는 출산을 비롯하여 가사와 육아라는 사적인 일로 시간을 장기간 할애해야 하는 일이 불시에 발생할 수 있다. 이럴 때, 조직 내 구성원 간의 업무 조정 및 관리와 인수인계에 따른 의사소통이 원활해야 프로젝트를 차질 없이 진행할 수 있다. 따라서 프로젝트를 이끌어가는 팀의 리더는 다음과 같은 사항을 유념해야 한다.

■ 팀의 목표와 개인의 목표를 분명히 설정한 후, 섬세한 부분까지 놓치지 않고 일정을 수립한다. 프로젝트의 수행 시점에 따라 자원의 배분이 달라지기 때문이다.

■ 또한 팀원들의 성격과 재능을 파악하여 동질의 그룹으로 활동 영역을 결정한다. 친분과 전문성에 의한 팀 구성은 대단히 중요한 성공의 요소가 된다.

■ 배제해야 할 팀원과 경계해야 할 팀원에 대한 사전 조치를 취해두는 것도 필요하다. 자신만의 의견이 최고라고 주장하는 사람, 너무 바빠 무임승차할 공산이 큰 사람, 못 말리는 골수 비평가, 팀원 간의 사적 관계에 몰두하는 사람은 과감히 제거해야 한다. HP의 최고 경영자 자리에 오른 칼리 피오리나^{Carly Fiorina}도 결국에는 내부의 적을 관리하지 못해 회사를 물러났다. 자신에게 충성스러운 인력으로 팀을 구성해야 한다.

■ 팀 운영과 관리 등의 규칙을 정확히 설정해두어야 한다. 그래야 조직원이 자신의 일정을 유연하게 조절할 수 있기 때문이다. 무엇보다도 역할 분담과 책임 소재를 분명히 해두는 것이 중요하다.

■ 또 다른 중요한 일 중의 하나는 의사 결정을 지연하는 행위를 규제하는 일이다. 예를 들어 회의 시간 위반 시에는 공정하고 확고한 처벌을 실행해야 한다.

리더는 팀원 간 상호 교류와 의사소통의 너비와 깊이를 강화하고, 결정권자보다는 가이드나 중재자 역할을 해야 한다. 팀원 사이에 의견 충돌이 발생할 경우를 대비하여 해소 방안을 설정해두는 것이 좋다. 다수결 원칙을 따르는 경우와 제삼자의 의견을 참고하는 경우를 생각해볼 수 있다.

경청의
달인이
필요하다

모 방송국에서 〈생활의 달인〉이라는 프로그램을 방영하고 있다. 달인은 수십 년간 한 분야에 종사하고 있는데 부단한 노력과 열정으로 자신의 일에서만큼은 타의 추종을 불허한다. 그들의 삶에는 감동적인 요소가 있기에 많은 사람들이 즐겨보는 프로그램이 된 것 같다. 그렇다면 우리 공학 분야에는 어떤 달인이 있어야 할까?

자기 전공에서 달인이 되어야 함은 물론이다. 이와 더불어 잠재력 있는 달인을 발굴하고 지원하여 진정한 달인으로 성장하게 하는 사람도 있어야 한다. 이러한 사람이 진정한 달인일 수 있다.

어떤 분야에서 진정한 스승이라고 칭송받는 사람들의 보편적인 특징은 경청의 달인이라는 것이다. 남의 생각에 귀를 기울이고, 자신의 의견과 다를지라도 긍정적으로 수용할 줄 알고, 자신의 것을 재검

토하는 기회로 삼을 줄 안다. 위대한 스승은 잠재적 달인이 될 만한 제자의 말에 귀를 기울일 줄 아는 사람이다.

프랑스 인상파 화가 중에 피사로^{Camille Pissaro}라는 사람이 있다. 그는 인상파 화가들의 진정한 스승이었다고 한다. 그는 돌멩이에게도 올바른 길을 가르칠 수 있을 정도로 훌륭한 선생이었다. 그는 경청의 달인이었다. 상대방이 오만하거나 괴짜이거나 소심하거나 말이 많거나 상관없이 그는 귀를 기울였다. 혁명가 마네, 오만한 고갱, 생뚱맞은 세잔느 등 인상파 화가들의 과격하고 충동적인 내면을 잘 이해하고 충실히 들어주는 역할을 했다. 자신은 비록 화가로서 부족한 면이 있었지만, 인상파 화가들의 개인전이나 전시회를 기획하며 도움을 아끼지 않았다. 경제적으로 어려운 화가를 도와주기도 하고, 정보를 나누어주는 일에도 인색함이 없었다. 무엇보다도 젊은 화가들의 새로운 화법을 잘 이해하고, 겸손하게 헌신을 자처했다. 인상파가 정식 화파로서 인정받는 데 그가 결정적인 역할을 한 것은 물론이다.

모든 분야에 달인이 있어야 한다. 그러나 달인들의 말을 들어주고 재능을 확인하고 키워주는 사람도 반드시 필요하다. 공학 분야에도 이러한 경청의 달인이 곳곳에 포진하여 미래의 인재를 발굴하고 육성하는 일에 힘을 쏟아야 한다.

세상이
당신을 속일지라도
세상을 속이지 말라

한 여성 생물공학자가 대기업 연구소를 그만두고 개인 사업에 뛰어들었다. 자신의 능력에 자신이 있었기 때문이다. 소비자의 선호도를 끌어낼 수 있는 새로운 브랜드를 개발하는 일에도 나름대로 경험을 축적한 상태였다. 모든 사람이 자연 속에서 건강하고, 즐겁고, 평화롭게 살아가기를 간절히 바라는 마음을 상품에 담아내기로 결심하였다. 그동안 전념하여 연구해온 생물공학 기술을 이용하여 천연물 기능성 소재 및 건강 기능성 발효 소재를 연구 개발하고 생산하였다. 동시에 자체 부설연구소가 없는 중소 규모의 식품이나 화장품 회사의 제품 개선과 신제품 개발 연구를 대행해주는 일을 시작하였다.

그런데 무엇보다도 힘들었던 것은 세상이 자신을 속이는 일이었다. 밤새워 연구하여 개발해놓은 주력 제품을 도맡아 수년간 독점적으로 유통하던 지인이 있었는데, 모양이 똑같은 복제품을 만들고 포장디자인까지 도용하여 그동안 구축해놓은 거래처들을 탈취하였다. 더 기가 막힌 일은 유사품을 생산하는 업체와 짜고 상표 등록을 선점하여 수년 동안 투자하여 얻은 광고 효과를 통째로 삼켜버리려 한 것이었다.

그녀는 세상은 사람들이 서로 도우며 함께 살아가는 즐거운 놀이터라고 생각하며 살아왔다. 하지만 신세를 진 사람에게까지 치명적인 피해를 입히고도 뻔뻔스럽게 살아가는 사람이 많다는 사실을 알고는, 인생 자체를 접고자 하는 위기를 맞기도 하였다. 그러나 사업을 하는 데 가장 중요한 것은 사람들과의 신뢰와 존중이며, 위기는 자신이 구축한 네트워크에서 하나의 접점이 손상된 것에 불과하다는 사실을 깨닫게 되었다.

많은 일이 사람들의 조합에 의하여 만들어지므로, 잘못된 조합을 이룰 경우 서로에게 피해를 주는 일이 발생한다. 인간은 누구나 부족한 점이 있고, 탐욕스러우며, 상대방을 보는 시각이 제한적이다. 그러나 모든 만남은 귀하고 소중하다. 내 삶의 가치를 높이고 깊이를 더하면서 상대를 배려하면 의미 있는 삶이 된다. 사람 간의 네트워킹은 부서지기도 하지만, 기대 이상의 멋진 반전의 작품도 만들어낸다. 세상을 속이지 말아야 하는 이유다.

삶의 지혜

산길이 아름다운 이유는 직선이 아니기 때문이다.
불확실성과 불안함이 스며 있는 굴곡과 가파름이 있기 때문에 산행은
매력이 있다. 인생은 긴 여정이다. 돌아서 가야 할 때는 돌아서 가야한다.
오르막길이 있으면 내리막길도 있다.

연구 개발 결과의
사회적 영향력을
염두에 두라

한 건축가의 아이디어는 아파트 입주자의 생활 패턴에 극적인 변화를 가져올 수 있다. 공간 배치에 따라 공동생활에 대한 태도와 생활 습관이 놀랄 만큼 달라지는 것을 보면, 건축가의 아이디어가 사람들의 일상사에 얼마나 큰 변화와 충격을 줄 수 있는가를 깨닫게 된다.

전문가는 자신의 연구 개발 결과에 대한 사회적 의미와 역할, 더 나아가 인간의 일상생활에 미치는 영향에 주목해야 하며, 인간의 삶에 대한 깊은 애정을 가지고 자신의 개발 결과의 미래적 가치에 대하여 진지하게 통찰할 수 있는 능력을 가져야 한다. 기술은 가치중립적이며, 기술 사용에 따른 윤리적 처분은 일정 부분 사용자에게 맡길 수밖에 없는 측면이 있기 때문이다.

어떤 공학자는 기술적으로 가능하다고 판단하면 개발해보면서,

그 결과물이 어떤 사회적 파장을 가져오더라도 자신의 책임이 아니라고 주장하기도 한다. 유전공학의 예를 들어보자. 유전자 조작을 통하여 새로운 종이 생산되고, 변형된 종자는 인간에게 좋은 농산물과 치료약을 제공해줄 수 있을 것이다. 그러나 변형된 유전자가 우리 인간의 몸에 들어와 어떤 파국적인 재앙을 유발할지는 아직 아무도 알지 못한 채 논쟁만 계속하고 있다. 다행스러운 점은 유전자 조작을 할 수 있는 상당수 과학자들이 대기업의 경영에 참여하여, 그 기술의 상업적 활용과 윤리적 문제를 동시에 고민하고 있다는 사실이다.

공학인은 윤리적인 책임감을 가지고 상업적 응용의 채널을 자율적으로 통제할 수 있는 능력을 배양해야 한다. 자신의 연구와 개발에 대한 책임 의식을 가지고 인류애적인 소명으로 무장하지 않는다면, 공학이라는 학문의 본래 의미가 퇴색하는 것은 물론 참담한 재앙이 발생할 수 있기 때문이다. 공학은 인간의 생활 방식과 의식 구조에 직접적인 영향을 미치는 학문이다. 따라서 철두철미한 윤리 의식을 가지고 주의 깊게 실행해야 한다.

불확실한 상황에서도 최선을 다하라

　　주어진 상황에서 최선을 다하라. 너무 평범한 주장 같지만 최선은 더 나은 미래를 만드는 초석이기 때문에 이를 명심해야 한다. 최악의 상황도 최고의 상황도 존재하지 않는다.

　　불확실성의 원리는 아마도 금세기에 들어 가장 의미 있는 법칙 중 하나일 것이다. 움직이는 것의 위치는 알 수 없으며, 위치를 확인하는 순간 움직임에 대한 정보도 사라진다. 이 원리를 원용해보면, 상황 정보라는 것은 불확실하다. 자신의 능력을 확인하는 순간, 세상의 흐름에 대한 감각이 무디어지고, 세상의 흐름을 쫓다보면 자신의 위치가 모호해진다. 그러면 어떻게 하라는 말인가?

　　어떤 상황에서도 최선을 다하라. 뭐든 잘하는 것은 좋은 일이다. 하지만 항상 최고를 달릴 수는 없다. 그러나 매 순간 최선을 다한다면 분명 후회 없는 시간이 될 것이다. 과정이나 의미보다 결과를 중요시하는 세태지만, 그럼에도 삶의 매 순간 최선을 다하라고 말하고 싶다. 늘 채찍질로 스스로를 담금질하지 않으면, 존재의 의미는 찰나에 끝나고 말 것이다. 누구든 새 날을 원한다. 그렇다면 자신의 삶에 책임을 져야만 한다.

급속도로 변하는 기술 발전 추세에 대한 걱정도 도를 지나치지 말아야 한다. 결국 확실한 것은 없다. 현재가 중요하며 주어진 일에 성과를 내는 것이 최선의 방책이다. 사실 그러기에도 힘에 부치지 아니한가. 자신의 존재에 대한 표백 행위가 위험 수위를 넘어서면 결코 행복하지 않다.

20세기 지식인 중 가장 영향력 있는 인물 가운데 하나로 손꼽히는 영국의 철학자 버트런드 러셀^{Bertrand Russell}은 저서 『행복의 정복』에서 다음과 같이 말한다. 자신의 본질에 대해 지나치게 파고들지 말라. 자신이 현재 다루고 있는 소재에 집중하라. 그래야 행복해진다. 본질에 대해 파고드는 사람은 예술가로 충분하다.

가끔씩 쉬어가며 재충전하는 시간이 필요하다

경력이 쌓일수록 일의 강도가 세지고, 해결해야 할 과제의 난이도는 높아지고, 관리해야 할 일의 범위는 점점 커져만 간다. 기업의 CEO라면 총 매출액과 순이익, 주가라는 자본시장의 지표에 숨통이 막힌다. 대학교수라면 논문의 질과 양, 수주해야 하는 프로젝트, 학회나 조직에서의 책임감, 졸업생의 취업률과 같은 지표 등 신경 쓸 일이 늘어난다. 느긋하게 앉아 망중한을 즐기는 것은 사치이다. 시간은 늘 부족하고 그에 따라 늘어나는 스트레스는 건강을 해칠 정도다. 일의 속도감이 에너지의 소진을 가속화하여, 사고와 행동 사이의 간격은 자꾸 좁아진다. 충분히 생각한 뒤 능동적으로 행동하기보다는 그저 반응하기에 급급하다. 경쟁자가 늘어나지만 그들에게 대처할 여유는 부족하다. 사회적 개혁과 혁신의 내용은 많은데 그 주기 또한 짧아지고 있다. 구조조정의 압력은 어디서나 예외

없이 들이닥친다.

　짧은 수면 시간, 좁아터진 휴식 공간, 집중력 소모로 자신의 몸을 혹사하는 일은 바보 같은 짓이다. 새로운 프로젝트, 새로운 사람, 새로운 제품과 시장, 새로운 고객에게 적응하기 위하여 자신의 영혼까지도 팔아야 할 것 같지만 그럴 수는 없다. 그럴 필요도 없는 경우가 대부분이다. 잘 생각해보면 스스로 자신에게 과도한 짐을 지우고 있다는 사실을 알 수 있다. 목표 달성에 대한 지나친 욕구, 과시욕, 인사권의 과도한 행사, 권력을 향한 충동 등이 자신을 옥죄고 있지 않은지 돌아볼 필요가 있다.

　자신을 극한으로 내몰아 소모하는 행위는 오히려 잘못된 판단을 유발할 수 있다. 인정받기 위한 과도한 노력과 무한한 성취욕이 자신에 대한 과대평가나 지나친 자만심과 맞물리면 범법을 저지르기도 한다. 수많은 인재가 이러한 이유로 하루아침에 자신의 경력에 종지부를 찍는 경우를 볼 수 있다.

　가끔씩은 멈출 수 있는 용기가 있어야 한다. 쉬어가고 느리게 생각하며 일상에서 벗어나 재충전하는 시간을 아끼지 말아야 한다. 피터 드러커는 말한다. 정말로 중요한 한 가지나 두 가지 일에 집중하라. 이미 세 가지는 너무 많다.

목표 달성을 위한
지름길은
없다

우리는 지름길로 가고 싶어 한다. 원하는 목표에 빨리 도달하고 싶어 한다. 주어진 시간과 자원은 한정되어 있으며, 능력과 열정에도 반드시 한계가 있기 때문이다. 업무의 무게는 감당할 수 없을 만큼 무거워지고, 인간관계에서 발생하는 불편함과 좌절 때문에 주저앉고 싶은 생각이 수시로 엄습하기도 한다. 그래서 누구든 가능하다면 남보다 빨리 앞으로 나아가고 싶어 한다.

공학자는 기술을 활용하여 아이디어를 창조적으로 구현하는 일을 직업으로 삼는 사람이다. 공학 프로젝트에는 반드시 일의 순서가 있고, 그 순서에 따라 단계별로 일이 진행된다. 한 단계에서 문제가 발생하면 처음으로 되돌아가야 하는 어려운 상황도 빈번히 발생한다. 그러나 해야 하는 일이라면 고객이 만족할 때까지 반복할 수밖에 없다. 유일한 탈출구는 포기하는 것뿐이다. 이것은 공학의 원칙이다.

수없이 반복되는 실패, 반복되는 재설계와 실험이 없다면 어떠한 공학적 법칙도 세우기 어렵다. 인간의 문명을 발전시킨 어떤 공학 이론에도 점프의 꼼수가 적용된 적이 없다.

자기가 좋아하는 일을 완성하기 위하여 수정과 보완을 반복하는 과정은 그 자체로도 의미가 있다. 끝없는 시행착오를 거쳐야 노하우가 쌓이고, 더 창조적인 아이디어가 솟아나오고, 더욱 감동적인 결과물을 생산할 수 있다. 무엇보다도 그러한 과정 속에서 열정이 생겨나며, 이 열정을 통하여 자신의 생명력과 존재감을 확인할 수 있다.

변화를 위한 반복적인 시도 과정에서 개인적으로 중요한 일정을 포기하는 안타까운 일도 발생하지만, 그렇게 얻어낸 결과는 값진 것이고 더 나은 미래를 약속한다. 확고한 목표와 흔들림 없는 열정, 끈질긴 노력이 있다면 공학은 그 대가를 충분히 지불한다.

때로는 돌아가는 삶이
더 아름다운
성취로 이끈다

많은 사람은 성취하고자 하는 소망과 계획으로 가득 차서 부단히 가능성을 탐색하며 열정과 분별력을 가지고 열심히 일한다. 그럼에도 불구하고 그리 많은 것을 해내지는 못한다. 왜 사람들은 자신의 꿈을 완벽히 성취하지 못했다고 고백하는 것일까? 여러 여성 공학인의 스토리를 분석하여 몇 가지 이유를 살펴보기로 한다.

■ 첫째, 계획이 세밀하지 않았거나 충동적이었다. 계획이란 목표에 도달하기 위하여 필요한 작은 단계들로 세분화한 실행 모듈의 집합이다. 목표를 달성하는 것이 계획을 세우는 이유라면, 충분한 시간을 두고 미리 대응하기 위한 정교한 준비 단계를 거쳐야 한다. 어떤 경우에도 단숨에 가시적인 성과를 기대할 수 없기 때문이다.

■ 둘째, 자신에 대한 분석이 철저하지 못했다. 변화를 이끌어내기 위하여, 자신이 소유한 지식과 의지력, 인적 네트워크와 실무적 경험과 비전을 속속들이 이해하고 있어야 한다. 그러나 이러한 능력을 다 가지기는 힘들기 때문에 자신의 비전을 공유하고 방향을 제시해 줄 멘토가 있는 것이 좋다.

■ 셋째, 팀워크를 수행하는 능력 배양을 소홀히 했다. 공학이란 팀워크이다. 팀을 구성하고, 팀원 간의 역할 분담과 책임 소재를 확립하고, 운영 방식과 의사소통 체계를 잘 갖추어야 성공적인 팀워크가 가능하다.

이러한 요소를 다 갖추었다고 해도 원하는 일을 완벽히 이룰 수는 없다. 불가피하게 다시 시작하거나 돌아가야 하는 경우가 다반사로 일어나는 것이 우리의 세상사이다. 산길이 아름다운 이유는 직선이 아니기 때문이다. 불확실성과 불안함이 스며 있는 굴곡과 가파름이 있기 때문에 산행은 매력이 있다. 인생은 긴 여정이다. 돌아서 가야 할 때는 돌아서 가야 한다. 오르막길이 있으면 내리막길도 있다. 분명한 사실은 돌아온 만큼 폭넓고 깊이 있게 다양한 삶을 경험할 수 있다는 것이다.

지나친 욕심을
버려야
더 큰 것을 얻는다

원하는 것을 얻고 나면 더 큰 것, 더 많은 것을 바라게 된다. 욕심이 욕심을 낳는다. 이는 결코 변하지 않을 만고의 진리일 것이다. 욕심 덕분에 더 발전하기도 하지만, 돌이킬 수 없는 과오를 저지를 때도 많다. 인간은 욕심에 의하여 손상된 피조물이라고 주장하는 사람도 있다. 공학자가 가져야 할 욕심은 인류의 생활 수준 향상 및 기술 발전을 위하는 마음과 더불어 자신의 존재에 대한 깊은 애정에서 비롯된 것이어야 한다.

검증되지 않는 부품에 조작된 품질증명서를 내주어 전국적인 전력난 위기를 몰고 온 한국전력 관계자나 기술 특허를 경쟁국인 중국에 몰래 넘겨주는 반도체 기술자들을 떠올려보라. 욕심 때문에 이런 치명적인 실수를 범할 가능성이 누구에게나 있다. 개인의 욕심으로 인하여 삶의 뿌리를 송두리째 파헤쳐버리는 파국은 누구에게나

닥칠 수 있다.

욕심은 쾌락과 진보, 그리고 미래의 가능성과 연관되어 있다. 이브가 선악과를 따 먹은 이유는 지식과 명성이 가져다줄 것으로 보이는 더 큰 즐거움과 성취감 때문이었다. 그리고 자신이 관리할 수 없는 미지의 영역에 대한 막연한 유혹 때문이었다. 이러한 위험한 약속과 유혹은 사방에 널려 있다. 자신만의 현명한 탈출 전략이 더욱 필요한 이유다. 자신의 삶을 돌아보는 습관을 키워야 한다. 항상 전진만 할 수는 없다. 휴식과 반성, 그리고 의미 있는 재충전의 기회를 스스로 만들어야 한다.

공학자들은 연구실이나 실험실에 박혀 대부분의 나날을 보낸다. 그럴 때 들이닥치는 것이 대책 없이 집요한 고집, 무분별한 이기심, 연구 결과에 대한 집착이다. 팀원 간의 이기적인 행동, 유연하지 못한 선택이 파국의 원인이 된다.

시간을 내어 목표를 재점검하고 지금까지의 여정을 돌아보며 주위 사람과의 인간적인 관계를 챙겨야 한다. 고개를 숙여 잡초를 제거하고 흙을 일구며 묵묵히 일하는 수고가 없다면, 아름다운 꽃과 더 많은 수확을 기대할 수 없는 법이다.

베풀고 돕는 삶이
공학인의
기본 미덕이다

주위를 돌아보면 살림살이가 어려운 사람들이 많다. 전반적으로 국민 경제 사정이 나아지지 않고 있다. 청년 실업의 심각성은 재삼 거론할 필요도 없다. 베이비붐 세대의 은퇴 후 생활은 말 그대로 생존을 위한 몸부림에 가깝다. 하우스푸어와 비정규직 문제는 정부가 풀어야 할 핵심 과제가 되었다. 공부하는 시간보다 아르바이트하는 시간이 더 많은 대학생이 부지기수다.

이러한 상황에서 넉넉한 사람들은 없는 사람들을 도와야 한다. 그러나 있는 사람이 없는 사람에게, 행복한 사람이 불행한 사람에게, 아는 사람이 모르는 사람에게 무언가 베푸는 일이 그리 쉬운 일만은 아니다. 침해당하기 싫은 자신의 계획과 생활 리듬이 있기 때문일 것이다. 베푸는 일에는 비용이 발생한다. 그럼에도 불구하고 베푸는 삶을 살아야 한다. 하늘은 남을 돕는 자를 돕기 때문이다.

내가 먼저 도와주어야 한다. 그래야 도움을 받는다. 우리도 살아오면서 항상 좋은 상황에 놓여 있었던 것은 아니었다. 때때로 주변의 도움이 없었다면, 돌이킬 수 없는 곤경에 빠질 뻔한 적이 누구에게나 있다. 물질이든 재능이든 기부할 수 있는 여력이 있을 때 해보자. 수혜자의 자존심이 상하지 않도록 겸손하게 진정으로 주는 행위는 성스러운 일이다.

공학적 지식은 공익에 기여한다. 근본적으로 우리는 특정 고객이 아닌 모든 사람의 편익을 위하여 일한다. 전구의 발명이 지구를 밝혔고, 백신의 발명이 인류의 수명을 연장시켰다. 공익에 기여하겠다는 생각을 갖고 일하는 공학인은 시간이 갈수록 리더십도 자라게 된다. 자신이 속한 조직에서 열심히 일하는 것도 중요하지만, 각종 과학기술 단체에서 활동하는 것도 공익에 기여하는 좋은 방법이다. 여성 공학자가 서로 마음껏 교류하고 리더십을 키울 수 있는 인프라는 이미 충분히 구축되어 있다.

하늘은 공익에 기여하는 사람을 반드시 돕는다. '손님을 대접하기를 잊지 말라. 이로써 부지중에 천사들을 대접한 이들이 있었느니라'라는 성경의 한 구절을 음미해보기 바란다.

자신의
삶을
되돌아보자

'나는 운이 좋은 사람인가?' 하고 자문해볼 때가 있다. 어떤 형편에서도 최선을 다하며 여기까지 왔다. 걸어오고 뛰어오고 잰 걸음으로 가기도 하며 많은 사람을 만났다. 대부분 스쳐 지나갔지만 몇 명 정도는 친구로 남기도 했다. 편안하게 전화를 걸 수 있는 한 명의 친구라도 남아있다면 아마도 당신은 운이 좋은 행복한 사람이다.

세상에서 벌어지고 있는 많은 사건들을 돌이켜보면, 현재 내가 여기에 존재한다는 사실만으로도 대단하게 느껴진다. 적자생존이라는 대자연의 생물학적인 법칙을 충실히 따라온 셈이다. 물론 행운도 따라주었을 것이다. 이제 여러분의 삶을 되돌아보는 시간을 가져보자.

■ 가족과의 긍정적인 관계를 되짚어보자. 배우자와 자녀와의 관

계가 자신의 삶의 일정과 잘 동기화되어 있는가? 아름다운 패턴을 그려가며 다음 세대에 이어질 나의 유전자가 잘 관리되고 있는가? 가족 간에 정해진 모임이 있으며, 이 모임을 통하여 서로의 관계가 긍정적인 상승 기류를 형성하고 있는가?

■   재정적으로는 안정감을 유지하고 있는가? 삶의 복잡성을 효율적으로 관리하고 있는가? 혹시 남에게 손을 벌려야 하거나 빚에 허덕이고 있지는 않는가?

■   친구들과 여전히 만날 정도로 건강을 유지하고 있는가? 혹은 병원에 자주 드나들어야 하는 지병으로 고통받고 있는가? 의료비가 수입을 넘어서고 있지는 않는가?

■   무언가 계속 공부하고 있는가? 읽고 싶은 책이 있으며, 인터넷으로 정보를 찾고 생산하며 공유하고 있는가? 자신의 자존감을 유지하는 데 필요한 정신적 자산을 활용하고 있는가?

■   송사와 같은 인간관계의 불협화음에 휘말려 일상이 침해를 받고 있지는 않는가?

이러한 질문에 자신의 경로가 수정될 필요가 없다면, 정말 운이 좋은 사람이다. 아니라면 지금이라도 바꿀 것은 바꿔야 한다.

공학자는
자신의 일을
스스로 즐기며 산다

즐길 수 없는 일은 세상에 없다. 자신이 좋아서 선택한 일에 있어서야 더 말할 나위가 있겠는가? 일이 어렵고 피곤해지는 순간이 닥쳐도 그조차 즐길 수 있다면, 그 사람은 이미 성공한 사람이다. 누구든 즐기는 사람을 당해낼 재간은 없다.

공학 분야야말로 즐길 수 있는 소재가 풍부하다. 자신이 하고 있는 일이 제품과 연결되기도 하고, 인류의 행복과 복지에 직접 기여하기도 하니 강렬한 성취감과 희열을 맛볼 수 있다. 공학의 연구 과정과 결과물을 통하여 자연의 속살을 애무하기도 하고, 심해에 들어가 진화의 벌거벗은 기록을 탐색하기도 하며, 너른 우주 공간에서 유유자적하며 유영하기도 한다. 일상생활에 호흡을 맞추기도 하고, 사회의 의사소통 구조와 문화를 송두리째 바꾸어놓기도 한다.

공학자들은 자연의 비밀 열쇠를 쥐고 그 은밀한 원리를 인간에게 시혜할 수 있는 특권을 지닌다. 인간의 역사는 공학기술의 역사이다. 기술은 그 자체가 인간의 생물학적 진화를 초월하는 메타 진화의 길을 걷는다. 인류의 삶은 이 공학의 진화 궤적에서 벗어나지 못한다. 그러기에 공학은 중요하며 공학인의 책무는 막중하다. 이런 분야에 몸담고 있는 여성 공학인은 최고의 삶을 즐기고 있다고 해도 과언이 아니다.

매일매일의 공학적 임무는 새로운 도전이며 모르는 것을 알아가는 가슴 설레는 행복한 과정이다. 늦은 밤 거듭되는 야근과 철야에도 프로젝트 하나를 끝내고 나면 무엇인가를 이루었다는 성취감으로 스트레스는 온데간데없이 사라지곤 한다. 어느 순간 내 일을 즐길 줄 알게 된다. 내가 선택한 전공으로 주위 사람의 삶도 즐거워진다. 공학적 게임의 규칙과 전략을 이해하니, 삶의 승률은 나날이 높아진다. 이론과 실무를 겸비한 우리는 자랑스러운 여성 공학인이다. 전공자로서의 자긍심을 즐기고, 사회의 리더로서 타 분야와 통섭하며, 새로운 규칙과 전략을 습득하는 데 귀중한 시간을 아낌없이 투자한다. 우리는 이렇게 즐겁고 유익한 인생을 살고 있다.

출산과 육아는
삶의
축복이다

　　오보영 시인의 「탄생」이라는 시에 다음과 같은 구절이 있다. "아내여 수고 많았소/참 장하외다/훌륭한 인내로 당신 오늘/생명의 신비를 베끼시었소/열 달 전 찾아 든 많은 고통들/당신은 잘도 참아내었소……"

　　여자에게 임신과 출산은 인생의 축복이자 존재 이유이기도 하다. 육아는 그러한 축복과 존재성을 확인하는 과정이다. 이러한 출산과 육아가 개인적 삶의 차원에서 국가적 정책 이슈로 부상하고 있다. 출산율 저하로 국가의 경쟁력이 떨어지고 있기 때문이다.

　　우리나라에서 한 아이를 대학 졸업까지 양육하는 데 들어가는 비용을 5억 원 이상으로 추산하기도 한다. 아이 하나를 제대로 양육해내는 일이 녹록하지 않다는 말이다. 핵가족화로 부부가 모두 직업을 가져야 하는 현대 한국 사회에서 출산과 육아는 적지 않은 부담을 안겨주는 일이다. 그러나 출산과 육아를 포기하지 말라. 또한 출산과 육아 때문에 직장을 그만두고 자신의 미래를 포기하는 일은 더 어리석은 일이다.

모든 일에는 양면성이 있어 그 조화를 이루는 것이 중요하다. 행복은 삶의 총체적인 요소로부터 생겨나는 부산물이다. 출산과 육아는 인간의 근원적인 과제이자 근심의 원인이 되기도 하지만 동시에 행복의 원천이다. 자녀에게 평생 살아가는 데 기준이 될 가치관을 길러주고 인간의 품위에 맞는 올바른 성격을 심어주는 일은 바로 출산과 육아에서 비롯된다. 이를 통해 부모 자신의 삶도 성숙해진다.

경영자의 성공은 자신감, 자기 절제, 주변인에 대한 감정이입 등 자기 감정 조절 능력에 주로 좌우된다고 『감성지능』의 저자 대니얼 골먼^{Daniel Goleman}은 주장한다. 그의 주장은 가정에도 적용된다. 성공적인 부모 역할 역시 자녀를 낳아 기르는 동안 자신의 삶에 대한 자신감, 자기 절제 능력, 주변 사람들에 대한 감성적 배려에 달려 있다. 자녀는 삶의 축복이다. 아이가 있음으로써 부모에게 생성되는 수많은 행위, 사고, 지혜, 그리고 감성 그 자체가 바로 삶의 보람이며, 살아가는 강력한 동기와 토대가 되기 때문이다.

준비하면 기회가 오고
생각하면
이루어진다

공학인이 되기 위해서는 예외 없이 전공 분야에서 일정 기간 학습을 해야 한다. 어떤 사람은 여유 있는 집안에서 태어나 별다른 고생 없이 공부에만 집중하기도 하지만, 반대로 사정이 여의치 않아 검정고시를 통하여 대학에 이르는 사람도 있다. 정규 교육 과정에 들어가 교복을 입고 친구들과 낭만적인 학창 시절을 보내기도 하지만, 어린 나이에 가족의 생계를 책임지면서 공부하는 힘겨운 인생도 있는 법이다. 어떤 경우든 공학인이 되고자 하는 의지를 가지고 있어야 하고, 그 생각을 현실로 이루어내야 한다.

자신이 원하는 것을 정확히 알고, 그것을 획득하기 위한 방도를 끈기 있게 찾아나서는 일은 그리 쉽지 않다. 지속적인 동기부여의 끈을 놓지 말아야 하고, 단계별 목표를 달성하기 위해 노력할 뿐만 아니라 실행 가능하게 하는 여건도 갖추어야 하기 때문이다.

모든 일에는 기회가 필요하다. 아무리 생각하고 미리 준비한다고 해도 성취할 수 있는 적절한 기회가 오지 않는다면 허사가 된다. 그러나 생각하고 준비하는 사람에게는 언젠가 반드시 기회라는 것이 찾아오기 마련이다. 준비한다는 것은 바로 지속적으로 생각할 수 있는 동기와 에너지를 얻는 일이다. 생각하면 행동할 수 있기 때문이다. 참으로 평범한 진리지만 실행하기가 그리 쉽지 않다. 현재의 자신을 되돌아보면, 과거에 생각했던 일들이 실제로 이루어져 자신의 삶을 구성하고 있음을 발견할 수 있을 것이다. 지난 날 품었던 미래에 대한 꿈과 이상이 지금의 나를 만들어냈다.

나이가 들어가면서 남은 미래가 과거보다 짧아지더라도, 우리는 계속해서 나의 미래 모습을 열심히 그려야 한다. 생각하는 대로 이루어질 것이기 때문이다. 우리는 실현 가능한 것을 생각하는 동물이다.

출발이 잘못되었더라도
그 자리에서
다시 역사를 써라

한 여성 공학자가 대학교수가 되기까지의 과정이 담긴 이야기를 소개해볼까 한다.

그녀는 어린 시절에 작가나 역사학자가 되고 싶어 많은 고전을 읽었고, 읽은 책의 수를 늘려가는 재미로 살았다. 그러다가 초등학교 6학년 때 피아노 레슨을 받으며 여자도 교수가 될 수 있다는 사실을 처음 알았다. 그 후 막연하게나마 장래에 교수가 되어야겠다는 생각은 했지만, 결코 공학자가 되겠다는 희망을 가져본 적은 없었다. 고등학교 1학년 말 이과와 문과를 정해야 하는 시점에, 좋은 대학에 가려면 이과 출신이어야만 가능하다는 소문을 듣고는 딱히 적당한 역할모델도 찾지 못한 터라 이과 반에 들어갔다. 그때부터 전형적인 문과형인 뇌를 이과형으로 바꾸어야 했다. 과학적인 사실을 습득하는 학습에는 어려움이 없었지만, 복잡한 사실을 단순화하고 체계화하여 문제를 푸는 것이 어려웠다. 그렇지만 독하게 마음먹고 공부한 덕에 자연대에 입학할 수 있었고, 당시에 유행하던 유전공학 분야를 택했다. 그러나 막상 입학해보니 너무나 많은 시간을 실험실에서 보내야 했고, 매일 같은 사람들과 좁은 실험실 공간에서 부딪치는 일이 즐겁지만은 않았다. 그녀는 문학과 예술, 역사를 배우고 싶었고 인생을 즐기면서 살고 싶었기 때문에 방황하였다. 인문대, 음대, 미대 근처에서 어정대고, 여행 동아리에도 참여하며 진로를 고민했다. 그러다가 현재 자신의 전공에 바탕을 두고 앞으로 나아가야겠다는 결심을 하고 대학원에 진학하였고, 미국으로 유학을 떠났다. 노력한 결과, 만 4년 반 만에 남편과 같이 박사학위를 받을 수 있었으며, 귀국하여 교수가 되었다.

험난한 고비가 있었던 중간 스토리가 생략되어 있으나, 여러분의 상상력으로 그 간극을 메워보기 바란다. 이 사례가 전형적이라고 할 수는 없지만, 일반적으로 공감하는 부분이 있을 것이다.

실제로 문과형과 이과형 뇌가 별도로 존재하는가에 대한 의구심은 있지만, 사람마다 자신의 적성에 맞는 전공 영역은 있다고 봐야 한다. 그러나 모든 학문 영역의 특성과 응용 분야를 단번에 파악할 수는 없는 노릇이다. 인내심을 가지고 통합적으로 분석하여 논리적 판단력과 감성적 직관력을 가지고 결정해야 한다. 결국 자신의 현위치에서 시작해야 하고, 그 바탕 위에 자신만의 역사를 쓰지 않으면 안 된다.

죽음을 각오하고
역경을
돌파하라

힘든 역경을 이겨내는 과정에서 죽음을 생각하는 것은 자연스러운 일이다. 자신의 죽음으로 인하여 고통이 끝난다는 생각 때문일 것이다. 다음과 같은 한 여성 공학인의 이야기가 있다.

몇 달을 준비해서 영어 시험을 치르고, 자기 가정의 생활 여건과 장학금 등을 고려해서 미국의 한 대학에 입학 원서를 냈다. 몇 달 후 박사과정 입학 허가와 함께 장학금을 준다는 편지가 왔다. 첫 단추가 끼워진 것이다. 꿈을 안고 장도에 오르면서 고생길일 줄은 짐작했지만, 박사과정 첫 학기는 그야말로 지독한 극기 훈련이었다. 영어도 서툴고, 기초도 약해 수업 따라가기도 벅찬 마당에 가사와 육아 부담으로 매일매일 녹초가 되어, '나중에 무슨 영광을 보려고 이런 생활을 할까?' 하는 회의도 몰려왔다. 주위 사람들의 만류를 물리치고 스스로 결정한 일이어서 물러설 수도 없었다. 박사과정 자격시험 통과라는 목표를 세우고 죽기를 각오하고 공부에 매달렸다. 일 년 후 거짓말같이 자격시험을 통과했고, 덤으로 자신감까지 얻었다. 박사학위 논문의 주제가 정해지고 연구도 재미가 있어, 낮 시간에 집중적으로 일하고 데이터 정리는 저녁 시간에 집에서 아이들 돌보면서 밤샘 작업으로 하였다. 점심도 샌드위치로 때우고 일분일초를 아끼면서 열정을 다 바쳐 실험에 매달렸다. 연구는 별 어려움 없이 일사천리로 진행되어 2년 후에는 박사학위를 받을 수 있었다. 한국을 떠날 때 자신 없던 아기 엄마는 어느새 자신감이 충만한 여성 과학자로 변해 있었다. 되돌아보면 죽음을 생각하지 않았던 순간이 없었다. 그러나 역설적으로 죽음을 각오하니 모든 걱정은 아무 것도 아니었다.

까마득한 산도 한 걸음 한 걸음 가다 보면 결국 정상에 이른다. 그 여정이 참아낼 수 없을 만큼의 고통이라면 한 걸음 뗄 때마다 죽음을 상상해보라. 죽음이라는 피할 수 없는 극한 상황을 오히려 돌파구를 여는 열쇠로 활용할 수도 있다.

길이 막히면
다른 길로
돌아갈 수 있다

　　　　　　전자공학 박사학위에 도전했다가 실패했던 한 여성의 이야기를 들려주고자 한다.

　　그녀는 박사학위 자격시험에 수차례 떨어지기를 거듭하자, 자신에 대한 불만이 커지면서 점점 자신감을 잃어갔다. 그러던 차에 한 친구의 소개를 받아 전자공학 분야의 특허 엔지니어로 일할 기회를 얻었다. 물이 산을 만나면 돌아 흐르듯이, 우리 삶에서도 종종 돌아가야 하는 상황에 부딪친다는 사실을 깨달았다. 처음 특허 업무를 맡게 되었을 때는 낯설고 어려운 점이 많았지만, 자신이 작성하는 문서에 의해서 권리가 탄생한다고 하니 일종의 희열도 느껴졌고, 얼마 지나지 않아서 업무 재미에 푹 빠져 살게 되었다. 몇 해가 흐른 뒤, 자신의 일에 전문성을 얻기 위해서 특허법무대학원에 진학했다. 법학의 대부분은 논리학이었기 때문에 공학도였던 그녀에게는 그다지 낯설지 않게 다가왔다. 석사과정을 마치고 현장으로 복귀해 특허 업무를 계속했다. 그리고 몇 개월 후 변리사 시험에 합격하고 1년간 연수 교육을 받은 뒤 특허 출원, 심판, 소송 업무를 담당했다. 변리사 업무는 법도 알아야 하고 기술도 이해해야만 가능한 것이다. 국내 반도체 업체와 미국 업체 간에 벌어진 미국 특허 소송을 처리했을 때는 뿌듯한 보람을 맛보기도 했다.

그해에 국제 특허 법률사무소를 개소해 경영자로서도 첫발을 내딛었다. 변리사는 특허 외에도 상표, 디자인, 실용신안과 같은 지적재산권 전반에 걸친 업무뿐만 아니라, 지식정보사회의 첨병으로서 정보 사업에서도 두각을 나타낼 수 있다. 특히 특허 정보는 단순히 기술 정보만 말하는 것이 아니고, 출원인, 발명자, 출원일 등과 같은 서지사항들을 포함하고 있기 때문에, 다양한 분석 기법을 활용해 기업들이 지식 경영을 하는 데 필요한 자료를 추출해낼 수 있다. 그래서 특허 정보와 이를 활용한 지식 정보 사업은 향후에도 발전 가능성이 매우 높다. 이러한 점에 착안해 그녀는 몇 해 전에 특허 정보 분석 및 기술 거래를 전문으로 하는 기업을 설립해 운영하고 있다. 전자공학을 전공한 여성 변리사라는 희소성과 다양한 실무 경험이 좋은 배경이 되어 대학원에서 특허 실무를 강의하는 즐거움도 누리고 있다.

주위를 조금만 둘러보면 미처 생각하지 못했던 수많은 길이 있으며, 더 많은 즐거움과 성취감을 줄 수 있을 수많은 길이 있다. 한 가지 길만 고집하다보니 보이지 않을 뿐이다. 특히 이공계 전공자에게는 보이지 않는 길이 수없이 펼쳐져 있으니 마음의 여유를 가지고 시야를 넓혀라.

꿈이
나를
만든다

한 여성 건축가의 어릴 적 꿈은 훌륭한 화가가 되는 것이었다. 그러나 형제가 많아 돈이 많이 드는 미술 대학을 진학하기에는 어려운 형편이었다. 부모님을 설득하여, 학비도 저렴하고 졸업 후 취직이 보장되는 국립 사범대학에 가는 것을 조건으로, 간신히 대학 진학 허락을 받았다.

그러나 미술에 대한 미련이 남아 부모님과의 약속을 어기고 건축학과에 진학했다. 공모전 준비나 설계 과제 등으로 학교에서 늦은 귀가가 잦아질 때면, 보수적인 부모님을 설득하고 이해를 구하기가 너무 힘들어 자퇴를 결심한 적이 한두 번이 아니었다. 남학생이 우글거리는 설계실에서 밤을 새우겠다고 하니 부모님도 기가 막힐 노릇이었다. 그러나 불철주야로 최선을 다한 덕분에, 대학교 3학년 때 건축대전에서 우수상과 한 학기 등록금에 해당하는 상금을 부상으로 받았고 졸업 작품 품평회에서도 최우수상을 받았다. 그 후 부모님은 든든한 후원자가 되어주셨고, 그녀는 건축의 대가 위치에 오를 수 있었다.

꿈은 꾸는 자의 것이다. 간절히 원하여 자신의 의식 속에서 피어오른 가상의 열매이기 때문에, 자신을 지탱해주는 유일한 힘이다. 아무리 현실이 힘들고 기회가 나를 피해가는 것 같아도, 여전히 가슴 속 어디에선가 격려의 말을 속삭여주는 것이 꿈이다.

우리는 꿈을 닮아간다. 그 꿈이 나를 만들어가기 때문이다. 오바마 대통령은 미국 최초의 흑인 대통령이다. 그는 부모가 이혼하고 케냐, 인도네시아, 하와이를 오가며 혼란스러운 청소년기를 보냈다. 담배, 술, 마약에 빠져 허우적거렸지만 그를 지탱해준 단 하나의 존재는 꿈이었다. 그것도 담대한 꿈이었다. 결국 그는 그 꿈을 이루었다. 그는 절망에 빠져 있는 많은 사람들의 희망이 되고 있다.

꿈은 이루어진다. 소설가 존 업다이크^{John Updike}의 말대로, 이루어질 가능성이 없었다면 애초에 자연이 우리를 꿈꾸게 하지도 않았을 것이기 때문이다. 우리는 실현 가능한 것을 꿈꾸기 마련이다. 문제는 그 꿈을 향해 꾸준히 노력하며, 꿈을 향해 걸어가고자 하는 자신의 의지력이다.

정책

여성 공학인을 육성하고 사회 진출과 참여를 확대해서
산업을 활성화하고 국가경쟁력을 제고해야 한다.
앞으로 5년만이 아니라 미래 세대까지 지속적으로 창조경제를
발전시키기 위해서는 여성 공학인의 육성에
전방위적인 정책 수립과 관리가 필요하다.

여성 차별적
제도와 정책을
개선하라

　　국내의 대학, 대기업, 그리고 연구소에는 아직도 여성 인력 채용을 기피하는 문화가 남아 있다. 기업에서 교수들에게 사원 추천을 요청하는 경우, 여학생에 비하여 남학생을 우선적으로 배려하는 경향이 있다. 그 배경에는 여러 가지 이유가 있을 수 있다. 업무에 지장을 줄 수 있는 원인을 여성이 남성보다 더 많이 제공할 수 있다는 개연성 때문이다. 여기에는 결혼, 출산, 육아, 가사와 관련된 일은 여성이 해결해야 할 일이라고 여기는 사회적 편견이 아직도 깊숙이 자리 잡고 있다.

　　이러한 여성 차별적 편견과 고정관념은 사회에 진출한 여성이 경력을 관리하는 데 가장 큰 걸림돌이다. 여성에게 짐을 지우는 일은 남성 중심적인 가부장 사회에서 형성된 시대착오적 관습으로, 현대 사회에서는 더 이상 적용할 수 없는 폐습에 불과하다. 뿌리 뽑아야 할 여성 차별적 인식이며, GDP 3만 달러로 진입하려는 시대에 걸맞지 않는 문화적 오류이자 오점이다.

성적 정체성을 사회적 차별을 위한 도구나 원인으로 사용하는 이들은 이제 역사의 뒤안길로 사라지고 있으며, 그것 자체가 부끄러운 역사적 화석이나 유물이 되고 있다. 여성이 진출하지 못할 분야는 존재하지 않는다. 특정 분야가 여성보다 남성에게 더 적합하다는 생각도 온당하지 않다. 이러한 논란의 배경에는 여성의 본질적인 문제가 아니라 불합리한 제도적 문제가 연계되어 있다. 그러한 제도와 시스템은 바뀌어가고 있으며 바뀔 수밖에 없다.

현재 자신의 위상과 10년 전의 위상을 비교해보라. 스마트 워크와 모바일 환경이 활성화됨에 따라 각종 업무 환경도 스마트해지고 유연해지고 있다. 그에 따른 제도와 정책도 여성을 더욱 배려하는 방향으로 보완해야 한다. 대한민국이 금융 소득 3만 달러 시대로 진입하기 위해서는 여성의 적극적인 사회 진출과 참여 확대가 반드시 필요하다. 이를 위하여 여성 차별적 요소들을 철저히 제거해야 한다.

여성의 경제 활동이
경제 성장의
열쇠다

여성의 경제 활동은 침체한 한국 경제를 장기적으로 성장시킬 핵심이요 열쇠다. 세계경제포럼World Economic Forum에 따르면 2012년 한국의 글로벌 젠더 지표Global Gender Index는 경제 활동 참여를 기준으로 볼 때 세계 116위였다. 여성의 경제 활동 참여율은 선진국 중 가장 낮은 수준인 53퍼센트(남성은 73퍼센트)였고, 지난 20년간 거의 변하지 않았다. 한국의 남녀 임금 격차는 선진국 중 가장 큰 39퍼센트에 이른다. 이러한 후진적 지표를 극복하고, 과학기술과 정보통신기술, 문화, 인문학 등을 융합하여 창조경제를 이룩하기 위하여 창조적 융합에 강한 여성의 역할이 더욱 중요해지고 있다.

지식정보사회를 지나 감성 사회에 진입하고 있는 현재의 흐름에서, 감성적 융합 기질을 가진 여성이 새로운 인력 집단으로 등장하고 있다. 이미 정보화시대를 거치면서 사회 조직의 특성이 변화해왔다. 오랜 세월 유지된 수직적 위계질서에서 벗어나 수평적 관계에서의 조화와 화합이 강조되고, 근육질의 에너지보다는 섬세하고 정밀한 일손이 더 매력적인 힘으로 작용한다.

지식 기반의 무한 경쟁 시대에 돌입하면서 기술력을 축으로 국제 질서가 재편된 후, 감성적 터치의 새로운 경제 패러다임이 대두하여 유례없이 과학기술 혁신에 대한 필요성이 급격하게 요구되고 있다. 고급 과학기술 인력의 확보와 더불어 감성 기술에 대한 수요가 증가하면서, 새로운 기질의 전문가들이 강한 경제적 추진력을 발휘하고 있다. 즉 여성적 융합 감성과 즉시적 의사소통을 활용한 창조적 소프트 콘텐츠 개발 능력은 국가경쟁력 제고를 위한 필수 조건이다.

인재의 흐름을 바꾸기 위해서는 두 가지 방향에서 접근할 수 있다. 하나는 재정 지원 등을 통해 보상 수준을 높이는 것이다. 다른 하나는 쏠림 현상이 있는 직업군의 종합적 보상 수준을 동결하는 것이다. 여성 공학 인재의 경우는 첫 번째 방향으로 접근해야 한다고 볼 수 있다. 여성 공학인에게 적절한 보상 체계를 정책적으로 구축해주는 것이 우리나라 인력 흐름의 불균형을 바로잡을 수 있는 지름길이다.

여성 과학기술인의
감성적 융합으로
창조경제를 공략하라

한국형 창조경제의 윤곽이 서서히 구체화되고 있다. 정보통신기술과 과학기술을 핵으로 각 산업과 문화를 융합하여 지금까지 없었던 새 산업과 일자리를 창출하는 새로운 경제 패러다임이다.

미국 방문 중 박근혜 대통령은 정보통신 응용 기술과 콘텐츠의 중요성을 강조하며 '비디오를 발명한 나라는 미국이고, 가전으로 탈바꿈시킨 것은 일본이지만, 비디오를 예술로 승화시킨 나라는 한국이다'라는 말을 했다. 창조경제의 핵심적인 코드가 이 문장에 녹아 있다. 여기서 유념해야 할 부분은 산업과 문화를 융합하는 접착제가 바로 감성이라는 점이다. 이 연결 고리는 바로 우리 여성의 본능과 거의 일치하는 생존 코드라고 할 수 있다.

창조경제에서 가장 필요한 감성적 융합은 여성이 가장 잘할 수 있는 영역이다. 감성 기술은 사용자의 감성에 호소하는 기술이다. 오감 센서 기술과 기계와 인간의 상호 교감 기술이 발달함에 따라, 이를 통하여 디지털 육감을 활용한 새로운 사업 기회를 확보할 수 있다. 이러한 기술은 원천적으로 여성에게 적합한 기술이며, 여성이 가장 잘하는 영역임이 분명하다. 어떤 분야에서 일을 하건 이러한 감성적 기술과 융합하여 새로운 제품으로 구체화할 수 있는 자신만의 창조적 영역을 개척해야 한다. 여성적 감성이 촉매제로서 반드시 녹아 있어야 실용성과 상품성을 확보하는 영역을 찾아내어 벤처로 성공할 수 있다.

창조경제를 활성화하기 위하여 정부에서는 중소기업 및 벤처 육성을 비롯하여 각종 규제 완화와 고용 확대를 위한 지원책을 마련하고 있다. 현시점이 자신의 전문 분야에서 창조경제의 한 축을 담당하기 위해 노력할 때라고 볼 수 있다. 이 기회를 충분히 활용하여 여성 공학인이 자신의 활동 영역을 최대로 확보해야 한다. 힘보다는 머리가, 지식보다는 경험이, 논리적 판단보다는 감성적이고 섬세한 여성의 직관이 더 우수한 업무 능력을 발휘할 수 있는 최적의 시기가 왔다.

정보통신기술이 창조경제의 중심에 서 있다

창조경제에 대한 많은 논의가 진행되고 있다. 모든 과학과 산업 분야가 정보통신기술 인프라 위에서 융합하여 창조적 콘텐츠를 개발하고, 이를 위한 기업을 육성하여 일자리를 만들고 새로운 성장 동력으로 키워냄으로써, 모두가 잘사는 행복한 대한민국을 만들겠다는 구상으로 보인다. 그 중심에 정보통신기술이 있다. 정보통신기술 분야는 섬세하고 감성적인 여성에게 유리한 측면이 있으며 여성 취업률이 다른 분야보다 상대적으로 높다.

우리나라에서 정보통신기술은 이미 성숙한 기술이며, 일종의 디지털 접착제나 촉매제로서의 역할로 정의한다. 정보통신기술을 비타민 I라고 하면, 농업agriculture은 비타민 A, 문화culture는 비타민 C, 국방defence은 비타민 D, 환경environment은 비타민 E가 된다. 이러한 여러 비타민이 융합한 멀티비타민은 창조경제의 대사와 생리 기능에 활기를 불어넣어줄 것이다. 비타민은 신체 기능을 조절하지만 체내에서 합성하지 않기 때문에, 필요량을 외부에서 공급해주어야 한다. 특히 비타민 I는 모든 비타민의 효능을 활성화하고 상승효과를 내주는 촉매제 기능을 한다. 기존의 산업에 투여함으로써, 산업 간의 화학적 결합을 촉진하며 혁신적이고 새로운 개량종을 창조하게 한다.

정보통신기술을 활용하여 다양한 주변 산업 기술을 융합하고 감성적 디자인과 콘텐츠를 담아 새로운 한류 제품을 만들어내어 새로운 성장 동력을 구동하는 일이 우리가 앞으로 해야 할 일이다. 결국 창조경제란 기존의 산업적 구조 위에 창의성을 더해 문화적 유산을 재해석하고 변형, 발전시켜 정보통신 인프라에 실어 보냄으로써, 세계인들이 모두 들어와 즐기는 디지털 문화 생태계를 구축하는 일이라고 정의할 수 있다.

이제부터는 인간 중심적인 감성 요소를 가미하여 상품의 이미지와 형식을 재포장하는 일이 중요하며, 이러한 일은 여성을 위한 기회이다. 대한민국의 차세대 먹거리는 여성성이라는 비타민 혹은 촉매제가 투입되어야 제대로 만들어질 것이다.

이공계 여학생의
사회 참여 촉진을 위한
정책 마련이 시급하다

우리나라가 또 한 번 경제 도약을 꿈꾼다면 여성 전문 인력에 눈길을 돌려야 한다. 그러나 여성 인력의 활용을 위한 정책적 대안은 빈곤하기만 하다. 정책입안자들이 많은 노력을 하고 있지만, 여성 스스로 그러한 대안을 발굴하여 제안하는 일을 게을리하지 말아야 한다. 이에 몇 가지 정책을 제안하고자 한다.

■ 대학 교육에서의 현장 실습 경험이나 산학 연계 프로그램 등은 전공에 대한 흥미와 능력을 향상하는 데 도움이 된다. 정부는 여학생이 더 많은 인턴 기회를 활용할 수 있도록 재원을 확보해주어야 한다. 대학교수들은 이에 관심을 갖고 적극적으로 지도해야 한다. 여학생의 직무 능력이나 집단에 대한 기여도를 평가하는 제도적 지원도 필요하다. 그에 따라 교육 과정도 개선해야 한다.

■ 무엇보다도 취업 시장에서의 성차별은 법과 제도로 해결할 수 있도록 보완해야 한다. 많은 법률적 지원이 제공되고 있지만, 여전히 관습적인 차별이 존재한다. 이를 극복하고 제거하기 위하여 사회적 차원에서의 관심과 지원이 따라야 한다.

■ 여학생의 역할모델이 되는 대상은 일차적으로 여교수라고 할 수 있다. 이러한 관점에서 이공계 대학에서는 여교수 채용목표제 등 제도적 배려를 해주어야 한다. 여학생의 공대 진학률에 비하여 여교수 비율은 아직도 현저히 낮다.

■ 공대에 재학 중인 여학생을 위한 멘토 제도와 이를 뒷받침할 수 있는 여성 공학인 모임을 활성화해야 한다. 이와 더불어 정부, 국회, 국책연구기관 등에 여성 공학인의 고급 인력 풀을 제도적으로 활용해야 한다.

여성이 자신의 인생을 온전히 관리하고 개발하고자 하는 노력에 사회의 모든 기관과 조직에서의 정책적 배려가 뒷받침되어야 이공계 여성 전문 인력의 활용도가 높아지고, 그에 따라 국가경쟁력이 상승하는 계기를 마련할 수 있다. 남녀평등이 가장 잘 이루어지고 있는 핀란드는 국제 투명 지수가 세계 1위이며, 국제경쟁력 지수 역시 1위를 고수하고 있다. 부정부패가 없는 국가를 보면 여성의 사회 참여가 법률로 보장되어 있다는 사실은 시사하는 바가 크다.

여학생의
이공계 대학 진학률을 높일
정책적 배려가 필요하다

1990년대 이후, 여성 인적 자원의 효율적인 양성과 그 활용에 대한 정부 차원의 관심이 높아지면서 다양한 정책이 제시되고 있다. 특히 이공계 기피 현상과 맞물려 과학기술 분야의 여성 인력 활용은 향후 국가경쟁력을 높이기 위한 매우 중요한 과제로 대두하고 있다.

공학 분야에서 여성이 소수인 까닭은 생리학적 차이와 사회 제도의 불평등이 복합적으로 작용한 현상으로 보는 견해가 우세하다. 대학 내 공학 분야의 여성비가 정원의 7퍼센트 이상인 곳이 없다는 점을 보면, 공학 분야에서 남성 편중 현상이 두드러짐을 알 수 있다. 이러한 편중은 일차적으로 공대에 입학하는 여학생의 비율을 현격하게 높여야만 해소할 수 있다는 점을 지적하지 않을 수 없다.

2000년을 기점으로 공과 대학의 여학생 비율이 꾸준히 증가하는 추세이지만, 인구의 성비를 고려할 때 아직도 낮은 것이 사실이다. 공과 대학의 여학생 진학률이 증가하도록 제도적 장치를 마련해야 한다. 여성 공학인이 대한민국의 경쟁력을 제고하는 핵심 인력으로 자리매김할 수 있도록, 여학생을 우대하는 대학 입시 정책을 수립해야 한다. 무엇보다도, 교육 과정을 통해 어려서부터 공학에 관심을 갖도록 유도하고, 잠재력을 발굴하는 과정에서 성별에 의해 편중이 일어나지 않도록 해야 한다.

우리나라 중고등학생의 수학과 과학 성적은 높은 편인데 비해, 흥미는 세계 최하위 수준이다. 아마도 교과 과정에서 실험 실습의 적절성이 떨어지고, 자연을 이해하고 사랑하는 일상생활의 경험이 부족한 탓일 것이다. 또한 생리적으로 불안정한 시기에 유해한 실험 환경에 노출되지 않을까 하는 우려가 과학에 대한 여학생의 흥미를 떨어뜨릴 수 있다. 물리, 화학, 생물 등의 실험 실습 과정이 여학생의 힘에 부치지 않도록 세심한 배려를 해주어야 한다.

그 외에도 졸업 후 사회 활동에 대한 동기부여를 위하여, 정부 부처의 말단부터 고위직에 많은 여성을 임명하는 적극성을 보이고, 남성 위주의 서열주의와 학연, 지연에 따른 인사 정책을 뿌리 뽑아야 한다. 능력 위주의 승진과 탄력적인 여성 배려 정책은 현재 직면한 이공계 기피 현상을 해결하는 효과적인 방법이다.

여성 공학기술인 육성에 전방위적 정책 수립과 관리가 필요하다

2011년 여성 과학기술 인력 현황을 보면, 대학교 자연계열 여학생 비율은 52.2퍼센트인데 비해, 공학계열 여학생 비율은 17.7퍼센트이다. 지난 10년간 여성 과학기술 인재 육성 사업으로 여학생의 과학기술 분야 진출 비율이 높아지고 있지만, 공학 분야 진출 비율은 여전히 낮은 상태이다. 또한 4년제 공과 대학 전임교수의 여성 비율은 5.2퍼센트이고, 공공연구기관의 과학기술 연구 개발 인력 중에서 여성은 6.5퍼센트이다.

양성평등 문화를 위해서는 양성이 각각 35~65퍼센트 안에 있어야 한다고 한다. 이는 조직 관리의 효율성과 생산성에 직접적인 영향을 준다. 평등한 조직 문화는 우리나라의 개인 소득이 2만 달러 시대에서 3~4만 달러 시대로 도약하기 위한 전제 조건이자 절대 조건이다. 이러한 측면에서 몇 가지 정책적 제안을 해본다.

■　첫째, 여성 인력의 대체 인력 육성과 지원 방안을 마련해야 한다. 여성이 출산 또는 육아를 위해 휴직하려고 할 때, 담당 업무를 대체할 인력이 없다는 이유로 기업에서는 여성 고용을 꺼린다. 그러나 출산은 개인적 차원을 넘어 국가적인 이슈로 부상하고 있기 때문에 좀 더 적극적이고 실효적 지원이 필요하다.

■　둘째, 경력 단절을 방지하기 위한 실효성 있는 제도를 마련해야 한다. 여성의 역할은 어머니, 며느리, 아내 그리고 직장인으로서 동시적이고 다면적이고 복합적이다. 현재 단축근무제 등이 마련되어 있으나 미흡하며, 그나마도 홍보가 되지 않아 잘 활용하지 못하고 있는 실정이다.

■　셋째, 여성에 대한 고용과 승진 할당제를 확대 적용해야 한다. 아직도 많은 기업은 여성에 대한 고정관념 때문에 여성 고용을 꺼리고 있다. 여성의 꼼꼼함과 섬세한 감성은 기업의 이미지 제고는 물론 경영상에 큰 이득을 줄 수 있다. 균형점에 도달할 시기까지는 강제적 할당으로 여성 공학인의 고용 수준을 늘려야 한다.

결론적으로, 여성 공학인을 육성하고 사회 진출과 참여를 확대해서 산업을 활성화하고 국가경쟁력을 제고해야 한다. 앞으로 5년만이 아니라 미래 세대까지 지속적으로 창조경제를 발전시키기 위해서는 여성 공학인의 육성에 전방위적인 정책 수립과 관리가 필요하다.

출산과 육아 문제는
정부 차원에서
접근해야 한다

조사 결과에 따르면, 한국의 많은 여성이 아이를 낳지 않기로 결심한 이유는 육아와 교육에 드는 비용이 지나치게 높기 때문이다. 이는 OECD의 다른 국가들을 통해 알 수 있듯이 정부 정책으로만 접근할 수 있는 영역이다.

여성 공학인에게 예외 없이 닥치는 어려움이 있다면 출산과 육아일 것이다. 결혼을 하고 가정을 이루면 출산과 육아 문제가 개인의 문제를 넘어 한 가정의 문제로 증폭된다. 출산은 축복이다. 그러나 육아는 투쟁이다. 출산과 육아에서 비롯되는 이슈들은 엄마 개인만의 문제가 아니다. 엄마 혼자 이 문제를 해결해야 한다면 출산율 저하는 가속화될 것이며, 국가의 미래 경쟁력에도 심대한 영향을 줄 것이다.

어려움 중에 가장 핵심적인 사안은 경제적인 부담이다. 출산 장려금 정책이나 유치원비 지원을 위한 대책이 시행 중이지만, 현실을 고려하면 아직 부족한 면이 많다. 여성은 일단 임신이 확인되는 순간부터 직장에서의 존재감이 180도 바뀐다. 직장에 도움이 되지 않는 존재로 탈바꿈하게 되며, 동료와 상사의 눈치를 보게 된다. 유해한 작업 환경에서 일해야 하는 경우, 임신 중인 여성과 태아의 건강에 위협이 될 수 있다. 출산이 다가오면 출산 휴가와 같은 규정을 활용하고자 해도, 그렇게 녹록하지 않다. 출산과 육아는 남편의 협력이 관건인데, 남편이 출산이나 육아 휴가를 낼 수 있는 직장은 거의 없다고 보아도 된다.

남성 중심의 전통적인 가치관도 문제를 키운다. 남녀가 공동으로 가사와 육아를 담당해야 한다는 의식을 심어주는 교육 정책도 필요하다. 남성 중심적 직장 문화와 작업 환경을 개선하여야 한다. 사내 교육 또는 홍보를 통하여 이러한 잘못된 문화적 관행을 바꾸고 남녀 상생의 문화로 전환하려는 기업의 적극적인 노력도 필요하다.

일과 가정의 균형에 관한 여성의 선택권을 사회가 존중한다면, 그리고 승진을 위한 진정한 기회를 제공한다면, 직장에서 여성의 생산성이 높아질 것이고, 출산율도 증가할 것이다.

일과 가정의 양립 정책과
중소기업 지원으로
여성 인력을 활용하라

여성 공학인이 취업과 관련하여 당면하는 가장 절실한 문제로 미진한 경력보다는 보육의 문제를 지적하였다. 출산이 여성의 사회 활동을 제약하지 않도록 취업 여성의 보육 시설을 정부가 지원하는 것이 근원적 해결책이다. 우리나라 여성의 경제 활동 참여율은 2011년 기준 54.9퍼센트로 일본(63퍼센트), 미국(67.8퍼센트), OECD 평균(61.8퍼센트)에 비해 낮다. 일과 가정생활을 병행하면서 근무할 수 있는 근무 환경이 필요한데, 이를 뒷받침할 사회적 환경이 아직 성숙하지 못한 상황이다. 정부 차원에서는 일과 가정의 양립을 지원하는 제도가 정착하도록 지원해야 하며, 기업에서는 출산과 육아 시에 단시간 근무, 재택근무, 대체 인력 채용 등의 제도를 시행해야 한다.

한 설문 조사에 따르면, 학생들이 중소기업을 선호하지 않는 것은 낮은 급여 수준, 기업의 존폐 위기와 같은 불확실한 장래성 등 기업의 불안정성이 주요 원인이라고 한다. 70~80년대 한국 경제가 고도성장한 이후, 경제 성장 속도가 둔화하면서 안정적인 직장을 선호하는 추세에 있으며, 2000년대 초반 IT 버블로 인한 벤처 기업의 실패 사례가 많아지면서, 청년층의 도전적인 기업가 정신이 결여된 것도 이러한 현상의 이유이다.

비정규직에 취업하는 경우에도, 나중에 직장을 옮길 때 자신의 경력 관리에 있어서 중소기업보다 대기업의 인지도가 높아 재취업이 쉽다는 인식이 팽배해 있다. 이를 해소하기 위하여 기술력을 갖춘 중소기업의 성공 사례를 정부에서 지속적으로 발굴하고 지원하여야 하며, 중소기업이 산학 협력 프로그램의 중심에 서 있어야 한다.

중소기업은 여성 인력을 적극 활용하기 위한 대책을 마련해야 하며, 정부에서도 고용 시장의 대부분을 차지하고 있는 중소기업의 여성 채용 제도를 활성화해야 한다. 여성 인력의 경력 단절 문제를 개선하지 못한다면 중소기업에 취업하려고 하는 여성이 줄어들 수밖에 없으며, 이는 국가 경제 활성화에도 큰 걸림돌이 되기 때문이다.

비정규직보다는
벤처 창업이
바람직하다

통계 자료에 의하면 여성은 남성에 비해 비정규직 비율이 높다. 일반적으로 비정규직은 정규직보다 보수가 낮을 뿐 아니라 해고의 위험에 쉽게 노출되므로, 여성은 급여와 고용 안정성 측면에서도 남성에 비해 열악한 처지에 있다고 볼 수 있다. 이러한 남녀 고용 불평등은 비단 우리나라만의 문제가 아니라 전 세계적인 현상이다. 비정규직이 점차 정규직으로 전환되는 추세이기는 하나, 기회가 닿는다면 창업하는 편이 여러 면에서 바람직하다.

정부에서도 벤처를 육성하려는 적극적인 움직임을 보이고 있다. 이는 현 정부가 주창하고 있는 창조경제의 한 축이기 때문이다. 미래창조과학부는 포털, 통신사와 힘을 합쳐 인터넷 관련 스타트업 발굴부터 해외 진출까지 종합 육성책을 발표했다. 단기 지원이 아니라 스타트업 아이디어가 해외 시장까지 이어지도록 견고한 지원 체계를 만든다는 것이다. 포털과 통신사는 스타트업에 실험 인프라를 빌려주고 성공 노하우도 전수할 것이라고 한다. 2012년 기준으로 벤처 투자액도 1조 원을 상회하고 있으며, 벤처 기업 수도 3만여 개로 사상 최대치를 기록하고 있다. 하지만 아직도 이스라엘이나 미국 수준에 버금가려면, 현재 벤처 투자 규모를 2배 가까이 늘여야 한다.

번뜩이는 아이디어와 의지만 있으면 투자, 인큐베이팅, 글로벌 네트워킹 지원까지 정부 지원을 받을 수 있는 방법이 널려 있다. 별과 같이 반짝거리는 도전적인 벤처들은 우리나라 경제를 견인하는 중요한 집단으로 재등장할 것이라고 모두가 기대하고 있다. 정보통신기술을 기반으로 한 정보 교환 인프라는 소수 경영인 구조에 적합한 경제 활동을 가능하게 할 뿐 아니라, 여성이 처하는 여러 상황을 고려할 때 적극적으로 수용해야 할 비즈니스 모델이자 경영 환경이다. 여성에게 적합한 소프트한 서비스 개발과 마케팅 분야는 창업할 여지가 무한하다고 볼 수 있다. 비정규직으로 얽매여 가련한 '을'의 위치에서 허덕거리기보다는, 자신의 능력을 마음껏 발휘하고 자신의 환경을 최대한 활용할 수 있는 벤처를 고려해보는 것도 미래의 불확실성에 대비할 수 있는 좋은 방법이다.

도전 정신으로 창업한 벤처에 대폭적인 지원 체제를 마련하라

여성 공학인으로서 남성이 지배하고 있는 영역에 도전장을 내밀어야 하는 경우가 있다. 도전하지 않으면 고수익의 기회는 덧없이 사라진다. 그러나 도전은 그리 간단치 않다. 그나마 가지고 있는 것도 잃을 수 있기 때문이다.

'저위험 저수익'의 안정된 구조는 이미 정점을 찍었다. 산업이건 인간 사회건 이러한 안정된 틀 안에서는 크게 성공하기 쉽지 않다. 이미 터를 잡아 기득권을 확보한 계층이 자신의 부와 네트워크를 지속적으로 강화하고 있기 때문이다.

요즘 벤처를 통한 창조기업의 활성화로 창조경제를 완성하려는 노력이 우리나라 곳곳에서 일고 있다. 벤처는 말 그대로 모험이다. 모험이란 미지의 위험을 무릅쓰는 창조적 용기라고 말할 수 있다. 그러한 모험을 감행하려는 것은 큰 보상을 기대하기 때문이다. '고위험

고수익'의 벤처 정신은 창조경제를 완성하는 하나의 축으로 그 의미가 확대되고 있다.

구글, 마이크로소프트, 애플이나 페이스북과 같은 벤처 기업이 탄생하기 위해서는 개인의 번뜩이는 아이디어와 함께 비즈니스 설계, 개발, 조직, 마케팅 등 모든 과정에 글로벌 시장을 염두에 둔 대폭적인 지원 체제가 뒷받침되어야 한다. 이러한 인프라는 정부 주도로 이루어져야 가능하다. 사회에 첫발을 딛는 여성 공학자에게도 이러한 벤처 기업의 생태계 이론은 그대로 적용된다. 자신의 전공에 창의적 아이디어로 주변 산업과의 융합적 요소를 찾아내어 자신만의 벤처 섹터를 찾아낸다면, 정부를 비롯한 벤처 투자 기관에서는 아낌없는 지원을 해줄 것이다.

미국 켈로그 경영대학원의 필립 코틀러Philip Kotler 석좌교수의 말대로, 창의적 도전 정신이란 기술과 서비스 혁신 과정에서 사용자와 인간 중심의 가치를 구현하는 기술을 확보하고, 이러한 제품과 서비스에 사랑과 나눔, 배려의 가치를 담아 더 좋은 세상을 만들고자 노력하는 것이다. 수용력, 섬세함, 문화적 감성 등 융합의 DNA를 가진 여성 공학인은 미래의 희망이자 창조경제의 주역으로서 도전장을 내밀어야 한다.

여성 공학인의 성공적인 삶을 위한 101 도움말

1판 1쇄 찍음 | 2013년 11월 20일
1판 1쇄 펴냄 | 2013년 11월 30일

지은이 최영미
펴낸이 송영만
디자인 자문 최웅림

펴낸곳 효형출판
출판등록 1994년 9월 16일 제406-2003-031호
주소 413-756 경기도 파주시 회동길 125-11(파주출판도시)
전자우편 info@hyohyung.co.kr
홈페이지 www.hyohyung.co.kr
전화 031 955 7600 | **팩스** 031 955 7610

ISBN 978-89-5872-123-9 03320

이 책에 실린 글과 사진은 효형출판의 허락 없이 옮겨 쓸 수 없습니다.

값 12,000원

이 도서의 국립중앙도서관 출판시도서목록(CIP)은 서지정보유통지원시스템
홈페이지(http://seoji.nl.go.kr)와 국가자료공동목록시스템(http://www.nl.go.kr/kolisnet)에서
이용하실 수 있습니다.(CIP제어번호: CIP2013022488)